父母要成为子女的
精神导师

五个孩子走向卓越的奥秘

陶继新◎著

FUMU YAO CHENGWEI ZINÜ DE
JINGSHEN DAOSHI

江蘇鳳凰教育出版社
Phoenix Education Publishing, Ltd
齊魯書社

图书在版编目（CIP）数据

父母要成为子女的精神导师：五个孩子走向卓越的奥秘／陶继新著．—南京：江苏凤凰教育出版社，2017.11（2019.9 重印）

ISBN 978-7-5499-6874-9

Ⅰ.①父…　Ⅱ.①陶…　Ⅲ.①儿童教育—家庭教育　Ⅳ.①G782

中国版本图书馆 CIP 数据核字（2017）第 287146 号

书　　名	父母要成为子女的精神导师——五个孩子走向卓越的奥秘
作　　者	陶继新
责任编辑	雷利军　沈倩倩
出版发行	江苏凤凰教育出版社（南京市湖南路 1 号 A 楼　邮编 210009）
苏教网址	http://www.1088.com.cn
照　　排	北京世纪鸿文制版技术有限公司
印　　刷	三河市九洲财鑫印刷有限公司
厂　　址	河北省三河市灵山大口
开　　本	787 毫米×1092 毫米　1/16
印　　张	15.5
字　　数	201 千字
版　　次	2018 年 2 月第 1 版　2019 年 9 月第 3 次印刷
书　　号	ISBN 978-7-5499-6874-9
定　　价	40.00 元
网店地址	http://jsfhjycbs.tmall.com
邮购电话	025-85406265，85400774　短信　02585420909
E - mail	jsep@vip.163.com
盗版举报	025-83658579

自　序

家长是孩子的第一任教师，家庭是孩子接受教育的最早环境。家长，应当成为孩子生命成长的第一责任人；家庭，应当成为孩子品德修养与学识智慧的培训基地。每一位家长都希望自己的孩子优秀，但在这个共同目标之下的家庭教育理念与行动大相径庭，结果，孩子成人之后也就相去甚远。

教师上岗需要资格认定，家长教育孩子也应当获得合格证书，但现实中的家长非但没有合格证书，而且基本合格者也是“几希矣”。《三字经》中尚有“子不教，父之过”的明训，时下在教育孩子中有“过”的家长比比皆是，却鲜有从深层次寻找原因且真正肩负起教育孩子这一神圣使命者。

我常常为这些家长的责任心缺失与有辱使命而叹惋，因为孩子的教育是不可从头再来的，真的是机不可失，时不再来。出于记者的良知，我有了采访成功人士家庭教育的思考与行动，于是，我所撰写的关于家庭教育的一些报道陆续发表在一些报刊上，且产生了比较强烈的反响。本书中所收录的关于王辉湘、汪洋、王晶、沙彦华和杨文家庭教育的长篇通讯，便是我思考与行动的部分成果，以期让更多的家长从中汲取教益，让他们孩子的未来也精彩起来。这五位家长的孩子出生之后的第一声啼哭，与其他孩子相比没有多少差异，这些孩子的智力也没有超常之处，可是，这些家长开启了他们孩子的智慧之门，使他们的孩子拥有了不同于其他孩子的亮丽人生。老咪、林曦、黄思路、孙岩和夏杨这五个孩子的脱颖而出，无疑是优质家庭教育的结晶。家庭教育不是只着眼于孩子出生之后的短短几年，而是一项贯穿孩子一生的系统工程。这五位家长的家庭教育铸就了其孩子起飞的基础，家长的关注成为孩子成功的不竭源泉。同时，这些孩子持续的良性发展，又因个人的努力而展现出另一番美景。无论是在学校和家庭的生活与学习中，还是在国内乃至世界其他地方行走时，他们都有出类拔萃的表现，其高尚的品格、健康的心态、优雅的言行、超常的智慧，令所有与他们接触过的人都惊叹不已。

本书在叙写这些家长实施家庭教育的时候，关注了他们不同于常人的教育理念，更具体地写出了他们的做法；在叙写这些孩子一步一步走向成功之路的时候，更是将笔触投向了他们走向成功的轨迹。这样，在阅读本书的时候，更多的家长与孩子便可以从中受到启发。于是，家长培养天才孩子，孩子步入成功殿堂，就不再是遥不可及的梦想，而有了可以实现的可循之路。

也许有的家长要问：究竟路在何方？可不可以略作指示，以便按图索骥，循路而行？其实，在不同的家庭背景下，对不同的孩子，可以采取不同的教育方式。本书中所写的五位家长在教育孩子方面各有千秋，甚至有异彩纷呈之妙。入乎其内，方能取其要旨。不过，如果从共通的方面来说，也还是可以略说一二的。

首先，家长应当是孩子精神的引领者和心灵的锻造者。大凡人格品质与心理素质俱佳的孩子，都有品格高尚且心态阳光的父母。近朱者赤，近墨者黑。家长的显性教育与隐性教育，在一张白纸似的心灵上书写着孩子的当下与未来。孩子是天真的、自然的，家长的教育只有与这种天真、自然和谐地融为一体，才能收到理想的效果。“滴水穿石非一日之功”，正是家长时时刻刻看似不经意的教育，才一点点地浸染了孩子的心灵。

其次，习惯的养成至关重要。哲人言，行为决定习惯，习惯决定性格，性格决定命运。孩子的习惯养成不应当从小学阶段开始，而应该始于出生之后，以至贯穿于孩子整个生命成长的过程中。家长的行为习惯，对孩子的行为习惯影响最大，但家长往往忽略了这种影响，而在孩子面前经常表现出很多不良的生活习惯与言行，结果，孩子也就受到了习染。而这样的家长又多放纵孩子的不良行为与习惯，从而使孩子终生恶习难改，甚至影响孩子的一生。优秀的家长关注的不只是孩子当下的生存状态，还往往着眼其久远的未来，在关心孩子的同时，绝不放任孩子的不良行为，着意培养其良好的习惯。优秀的父母不但要让孩子衣食无忧，更要让孩子养成伴随其一生的良好习惯。

再次，充分挖掘孩子的潜能。孩子出生之后，便有着天然的好奇心和想象力，但孩子的好奇心和想象力还在“生于毫末”的时候，便大多遭致家长看似善意实则无情的扼杀。实际上，在生命起始阶段与成长的最佳时期，孩子便被斩断了生成“合抱之木”的很多智慧链条。于是，这种潜能与智慧因受到压制而进入沉眠状态，久而久之，便走向死寂与消亡。从某种意义上说，每个孩子都是天才，只不过最爱他们的家长将其当作庸才培养了而已。例如，一些父母对孩子进行启蒙教育用的多是低俗的读物，而很少有高品位的内容。更有甚者，教师在布置大量毫无价值的作业之后，家长又雪上加霜，从书店另外购买习题集，强迫孩子牺牲休息时间去完成这些额外的任务。于是，渐渐地，他们将孩子的灵性磨平，使孩子淹没于大多没有价值的学习内容中。对于这一阻碍孩子走向美丽人生的“精神海洛因”，教师与家长却视若珍宝。于是，戕害孩子的灵性竟变得堂而皇之与天经地义。这种低层次的训练，使孩子与高层次的文化渐行渐远。岂不知，“取法乎上”，才能“得乎其中”，而一味地“取法乎中”或“取法乎下”，孩子只能“得乎其下”。古今中外大师级的人物之所以伟大，并非因为他们一生下来就是天才，而是自幼“取法乎上”地接触高层次文化之后智慧不断积累的必然结果。不少家长漠视孩子身上巨大潜力的存在，认为孩子没有能力与资格享受高层次的文化。殊不知，低层次作业的反复训练，使孩子长期处于智慧沉眠状态之中，进而形成远离创新的巨大惰性，从而也远离了享受智慧生成而激起的喜悦与幸福。

人的生存环境应是和谐愉悦的，人的生命价值理应受到挑战并得以体认。所以，为孩子创设挥洒生命与发展巨大潜能的家庭文化环境，是富有眼光的家长的必行之事。家长不仅应当正视孩子所拥有的内在潜质，更应当有效地挖掘孩子的内在潜能，从而让他们享受到“我是天才”这一生命超越的巨大幸福。

每一个孩子都希望持续发展，每一个家长都希望自己的教育成功。本书在叙写五个孩子精彩纷呈的成长之路与五位家长各具特色的家庭教育的同时，尽可能地揭示了孩子优质生命成长与成功家庭教育的内在密码。广大读者如能“学而时习之”，相信会有更多卓越孩子与优秀家长诞生。

也许有人会质疑：这五个“80后”孩子尽管在其少年甚至童年时期都有出类拔萃的表现，会不会长大成人之后成为方仲永式的人物，“泯然众人矣”？现在，他们都已30多岁，在此我要欣喜地告诉大家，他们个个都有了更好的发展，甚至称得上成绩斐然。这说明，这五个孩子的成长，有了更大的张力；五位家长的教育，产生了持久的效应。

收入本书的五组十篇长篇通讯中的五位家长，涉及四个省、市，他们可谓当今中国优秀家长的典型。五个孩子均有在国外求学与活动的经历，且有卓越的表现。毫无疑问，他们是优质家庭教育的受惠者与孩子成才的代表。刚认识与采访这些孩子的时候，他们绝大多数还只是上小学的十多岁的孩子，但不少采访并没有在那个时段中止，而是在延续着。如黄思路从美国哥伦比亚大学获得艺术管理硕士学位，就职于纽约罗德公关公司艺术与媒体部期间，我们还通过对话的形式，出版了《说“长”论“短”中美教育——陶继新与黄思路的越洋对话》（湖北教育出版社，2009 年出版）一书。在老咪于伦敦政治经济学院攻读人类学硕士期间，我再次对她进行了采访并写了一些报道文章，共同完成了《跨越中英两国的教育机智——陶继新与老咪的心灵对话》（华东师范大学出版社，2010 年出版）一书。我们每年都会见面交流，就在前不久，我们商定，还将共同完成一本书的出版任务。可以说，即使这本书出版之后，我对他们的关注也不会结束。我还将继续研究他们何以能有如此持久的发展动力，并将其成功的经验与我的感悟分享给更多的读者。

之所以将作品分成五组，主要考虑是以家庭为单位编排的。一位家长与其孩子的报道归于一组，便于读者全方位地了解这一家庭教育的全貌与个性特色。这样，一方面可以让读者从中看到这一优秀家长的家庭教育理念与教育方法，另一方面还可以看到其孩子的成长历程。二者相得益彰，可以给予家长教育孩子与孩子发展自身一个整体的感知。五个家庭的教育理念与教育方法各有特色，其孩子的成长也展现出不同的风景。如果认真研究这五组作品，不仅可以开阔视野，还可以根据自己家庭的情况与孩子的实际，从不同层面汲取家庭教育的成功经验与孩子成长的可取之处。“它山之石，可以攻玉”，相信对成功经验的借鉴定会给众多家庭带来一份特殊的惊喜。

这五组文章是随机编排的，不分先后。在我的心里，五位家长和五个孩子都非常优秀，他们都是我学习的榜样。不同的读者可以从不同的视角来解读这些家长和孩子，尽管需要学习的内容不同，可是，如果细细研究，都可以从中获取自己需要的东西。我所期盼的是，阅读本书之后，家长能够较快地提升家庭教育的质量，孩子生命发展在较短的时间内有质的飞跃。

在采写这些家长与孩子的过程中，尽管力争取其精华，可是仍然难免挂一漏万。且因本人既系性情中人，又好理性思索，所以，时不时地抒发一些感慨或阐述某种理念，但未必完全正确。这些也许会给本书造成一定的缺憾。由于本人的水平所限，可能还会出现其他不当之处，诚望读者给予批评指正。

陶继新

目　录

王辉湘，1957 年生于山东滕州。1976 年入伍，先后任战士、某团新闻干事、某军政治部干事、济南军区军事法院审判员、济南军区前卫报社编辑、济南军区文化部干事，现任职于青岛广播电视局。

王辉湘常和女儿一起交流探讨自己想不明白的事情。从女儿刚会说话时起，他就和她一起交流探讨，从山村野夫到宇宙人生，几乎无所不谈。也许就是这些，使女儿老咪诗意沛然且哲思飞扬，很多人称其为“天才”“奇才”，说王辉湘很了不起，能用心教育孩子，是一位成功的父亲。

老咪，原名王筱菲。5 岁开始写诗，6 岁开始在报刊上发表文学作品，8 岁出版第一本诗集《因为太阳的缘故》，13 岁出版第二本诗集《把风雨做成标本》，18 岁出版长篇文言武打小说《玉鞭公子》、诗集《你去哪》。成长过程中，主持过电视节目，给企业写过歌，四处讲过课，包括小学、中学、大学，还在自己家里开过私塾。

19 岁出国游学，现就读于英国伦敦大学皇家学院传媒艺术系。

成长中学到的最重要的能力是爱和快乐。最大的读书心得：“比书值得读的东西太多了，但要读了书才能更好地读书以外的东西。”

老咪的成功不是谜

——王辉湘的家教策略与启示

老咪的确是一个谜：年仅13岁，却饱读中外名作，且诗文俱佳，出口成章，哲思飞扬。

为了破译这一难解之谜，我多次采访了老咪和她的爸爸王辉湘，从中发现了另一片神奇的天地：老咪独具的天赋与王辉湘特有的教育“水天一色”，形成一种和谐统一、相得益彰的高层境界。

王辉湘把家庭作为一所特殊的学校，对中国传统的教育方式与国外当代的教育理念进行审视与梳理，架构了一个培养女儿快速成才的系统工程。

说：出口成章，妙语连珠

与老咪谈话，简直是一种艺术享受。她口若悬河，舌若利刃，谈古论今，纵横捭阖，逻辑严密，文采斐然。这种说的艺术的奥妙，只有通过她的爸爸王辉湘独具特色的教育以及老咪特殊的治学态度与方法，方可洞悉其幽微。

在王辉湘看来，说是一门艺术，也是当代人生存发展必须具备的一种能力，所以要有意培养，且须措施得力，方法灵活多样。

首先，王辉湘着意培养老咪由看到说的能力。

大千世界缤纷多彩，通过视觉映入人的心灵。而将自己的观察以口头语言的形式准确而生动地表述出来，要有一个过程，这是一种飞跃。非常可贵的是，王辉湘不仅巧妙地引导老咪完成了这一飞跃，而且与女儿一起积极参与了这一过程。

老咪学会走路之后，王辉湘便让她到大自然中去观察、领略天赐的秀美风光。每天他都会带着老咪去英雄山散步，老咪对白云悠悠抑或星光灿烂的天空、青翠茂盛的树木、啾啾低吟的虫子、飞转浅唱的鸟儿等，都产生了极大的兴趣。孔子曰："知之者不如好之者，好之者不如乐之者。"老咪对大自然的这种特殊的"乐"，为王辉湘指导女儿观察、说话奠定了良好的基础。于是，他指导老咪细察所看之物的特点，并围绕这一特点形成一个共同讨论的话题。老咪想象奇特，用优美的童音描述着她眼里的审美客体；父女二人一唱一和，将这一观察后的思考引向深入。他们俩还常常针对植物的不同形态进行有声有色的比较分析，感受大自然的奇妙无穷，述说比较后的同与异、外在形态的生动与内在心理的空灵。在老咪看来，所有的植物都是具有灵性、思想与感情的，所以，她与爸爸对话，也与植物对话，与世上万物对话，描述它们的形态，透视它们的心理。一张灵巧的小嘴，总似黄莺一样不停地歌唱，而王辉湘则异常兴奋地对这歌唱表示激赏。

老咪不仅观察植物并发表议论，而且对动物、人、事等也满怀兴趣，往往看见什么就说什么。所以，在爸爸的"怂恿"下，老咪未曾入学便有了出口成章的本事。

其次，王辉湘着意培养老咪由想到说的能力。

人的大脑是一个可供开发的神奇世界，是挖掘其潜力使其想象奇妙，还是压抑其灵性导致其归于沉寂，这是对家长的教育观念与教育行为的严峻考验。王辉湘不仅开发了老咪卓越的想象力，而且将这种想象力上升到说的艺术。

在老咪不到一岁刚会说话的时候，王辉湘便开始给老咪讲有趣的故事，尤其是动物故事。这些故事情节跌宕起伏，想象丰富多彩，吸引着老咪与这些动物共命运、同悲喜。老咪听故事时，神情特别专注，两眼一直望着爸爸，彻彻底底地沉浸到故事的情境之中。这种听，充盈了她的爱心，丰富了她的想象力，为以后的说与写打下了良好的基础。

两三岁的时候，老咪便会认不少字，并与爸爸一起读了许多童话故事，这更加丰富了她的想象力。在此基础上，王辉湘开始有意识地发挥老咪的想象力，并让她将自己的想象用语言表述出来。这时候，老咪的脑子里不但充盈了奇妙的想象，而且有了自编自讲故事的强烈欲望，加上爸爸的教育诱导，老咪的口头故事创作便纷至沓来。特别是在英雄山的无人之处，没有了外界的干扰，父女二人就兴趣盎然地自编自讲起故事来。秋天，看到落叶遍地，便给故事起名为《落叶河》，从一片树叶落地讲起，驰骋想象，情节曲折的故事源源不断。两个人轮流讲，一讲就是20多集。故事动人心弦，讲者和听者都沐浴在想象瑰丽的情节中，神游天外，乐而忘返。就是在这种讲故事的过程中，老咪充分地发挥了想象力，有效地锻炼了说话能力，为以后的即兴赋诗与能言善辩做了良好的铺垫。

此外，王辉湘还着意培养老咪敢于评说的能力。

对世上纷繁复杂、千奇百怪的现象与问题，是充耳不闻、闭口不谈，还是直面现实、敢于评说，这是两种截然不同的人生态度。王辉湘不仅引导老咪关注各种现象和问题，而且鼓励她对此进行思考、评说，甚至自己也参与其中，与老咪共同评判，是者扬之，非者导之，使说的艺术走向一个更高的层面。

王辉湘经常带着老咪参加一些富有意义的文化活动，聆听那些充满智慧的妙言警句，并鼓励老咪主动地参与其中，大胆地陈述自己的看法，从而锻炼老咪敏锐的思维能力和临场应变的能力。一次，在青岛召开的读书座谈会上，一位年届古稀的老者教诲老咪必须将《论语》的全部章句背诵下来，不然便没有资格谈论《论语》的要义。老咪在肯定这位老者的某些合理的意见的基础上，提出了不同的看法：“老爷爷，读书是在感受愉快中吸取其精华，而不是在痛苦的死记硬背中略知其表层。比如，老爷爷您昨天吃了几个馒头，喝了几碗汤，吃了多少菜，现在未必记得一清二楚，但其中的营养被您吸收了。一个有悟性的读者，犹如一块能够吸收许许多多水的海绵，自然而迅速地吸进去的是水一般的书中的精华。所以，关键不在于背得熟不熟，而在于是否真正地理解了《论语》的内涵，并转化成一种有用的能力。”听了这番话，那位老者频频点头，并对老咪刮目相看。

从这种有趣的语言交流中，可以洞见老咪特有的机敏，也可以反映她的读书观。老咪多次读《论语》，而且每次读都有新的收获，并将其与《孟子》《道德经》《南华经》等书进行比较分析，谈论其中的奥妙。这与那种死记硬背与生吞活剥的读书人相比，显然高出一筹。而王辉湘对老咪与大人们的语言交流，始终持一种支持与欣赏的态度。老咪也正是在爸爸的鼓励下充满信心，于重要场合当仁不让于师，与大人们纵论天下大事与读书感受，从而将她的说的艺术推及一种与智慧交融的境界。

老咪在学校里耳闻目睹各种现象，并产生不同的感想。王辉湘便要求老咪将自己的所见所闻所感说出来，从而了解其明辨是非的水平，培养其口头表达的能力。比如，有人对学生的看法，往往受其家长的职业性质与地位高下所左右。对此，老咪颇有感慨地对爸爸讲了自己的看法：“世界上各种各样的职业，都有其存在的合理性、有用性，甚至有一定的艺术价值。比如，做陶瓷的、拉二胡的，达到炉火纯青的地步时，便上升到一种艺术境界。关键不在于职业的不同、地位的高下，而在于你干得好坏优劣。一个小品的台词说得好：‘有让人抛弃的人，没有让人抛弃的工作。’人们对职业所持有的偏见，实在令人费解。尤其是将这种偏见波及孩子身上，更是难以理喻。是孩子在学校读书，而不是家长在学校学习，不应有的偏见笼罩在一些所谓职业不好、没有地位的人的子女身上，给他们套上了一些痛苦的精神枷锁，实在是可气可恨！”老咪对问题的认识与感受颇令王辉湘感到高兴，他为老咪能够清晰地将自己的感受表达出来而自豪，更为孩子有一颗美好的心灵而欣慰。人们的道德素质普遍需要提高，而老咪走在了前面。王辉湘在给予老咪肯定与表扬之后，进一步阐释了职业、地位和民族素质等一系列的问题，使老咪的疑惑冰释，并看到了美好的前景。

在采访中，面对记者的提问，王辉湘要求老咪落落大方，从容应付，老咪更是成竹在胸，有问必答，而且多有独到的见解与警语般的评说。当我写完《智者老咪——一位当代罕见的少年奇才》并即将见诸报端时，我打电话请老咪谈谈对这一题目的看法，她不假思考地说：“其实我是最最平凡的一个孩子。只是目前绝大多数的孩子所具有的与生俱来的灵性与才气，在走向人生的道路上，不仅没有得到发挥与张扬，反而被父母或其他教育者扼杀了。而我在父母的教育中，保留了那种天然的禀赋，并得到了很好的发展。别人都变了，我却没有变，因此我是最最普通的一个孩子，而别人恰恰就有些‘特殊’了。因为人们都将特殊视作普通，我这普通平凡的一个便成了‘罕见’的。上苍赋予人以生命，自是天才，但非奇才。至于智者，我感到将来有一天我能够达到，但目前还不是。”言辞间不乏谦虚之意，也可以从中看出一些辩证与真理性的东西，以及她对目前的家庭教育和学校教育的看法。老咪之所以才华横溢而又敢于评说，与王辉湘的家庭教育有着紧密的联系。

不管是何种形式的说，都超越了中小学阶段教学中那种说话训练的浅层次水平，都融进了老咪独特的思考以及王辉湘循循善诱的引导，显示出老咪特有的天赋与才华以及超常的创造力，也反映了王辉湘鼓励发挥这种天赋与创造力的教育观念与教育行为。老咪出口成章，妙语连珠，是一个奇才，有其必然的原因。从传统的思维框架中跳出来，学学王辉湘的教与老咪的说与做，可以给我们的家长、教师、学生留下许多思考。

读：入乎其内，乐而忘返

老咪读书，总能步入忘我的空灵境界，走进书的深层内蕴之中，迈入愉快亢奋的最佳境地，与哲学大师、文学巨匠、科学之子进行心灵的对话和感情的交流。未孜求于开卷有益而获益匪浅，未求取其智慧而慧门大开。王辉湘则为女儿的入情入境从心底奏出一支欢快的乐曲，并与女儿共踏书山，一起领略这宜人的旖旎风光。

王辉湘认为，宇宙浩瀚无边，而人的生命是有极限的，在有限的人生中，要让老咪读到世界上高层次的书。所以选读之书，必须“取乎其上”而不“取乎其中”，“取乎其中”而不“取乎其下”。即便在老咪还不会说话的时候，王辉湘给老咪所读之书也不是一般孩子常读的通俗的小人书，除中外著名童话外，便是伟大诗人的精品之作，以及哲学家、文学家、科学家的经典之作。老咪未必全能听懂，但她为之神往，为之痴迷。王辉湘的高层次定位，为以后老咪的高层次读书奠定了基础。在老咪具有了一定的读书水平后，王辉湘便与她共同解读哲学的深邃、文学的美妙与科学的奥秘。王辉湘读起书来朗朗上口，老咪的目光便随着爸爸的读书声在书上移动并自己辨认着各种字体，心里品味着书中的要义。令王辉湘大为吃惊的是，老咪竟在他的领读中，迅速地识记了许许多多的字，甚至连那些佶屈聱牙的繁体字，她也知其读音与含义。与此同时，王辉湘有意与老咪讨论读书的感受，老咪竟娓娓道来，而且不乏精彩之语。

这时，王辉湘便开始教给老咪读书的方法。他说："'不动笔墨不读书'，这是读书人的座右铭。"读书之前，将红、蓝铅笔与钢笔、本子准备齐全。读书时，对书中的妙语警句用红、蓝铅笔做标记，并将点滴认识与感受写在书上，同时，分门别类，做好读书笔记。老咪心领神会，不仅"不动笔墨不读书"，而且所写皆有自己的见解与个性。老咪甚至还"胆大包天"地将大师们的名著批得"体无完肤"，而且不乏自己的真知灼见。

老咪的读书笔记是一道绚丽的风景，也是一笔精神财富。其间融入了她的思考，打破了传统的读书笔记的写法，挥洒自如，不拘一格，颇具"横看成岭侧成峰"之美。比如，老咪看了1775年歌德写的小诗《湖上》最后四句"晓风翼覆了/影阴着的湾/湖中影映着/成熟中的果"，便非常赞赏，她写道：

"影阴着的湾""成熟中的果"是何等新鲜的诗句，多么流畅的情思！歌德培植了广阔无边的诗的纯净田野。

尽管所写只有寥寥数语，却显示出老咪高品位的欣赏水平与亮丽的语言风格。她评价歌德说：

歌德丰富的一生，因承受了上天太丰富的赠予，而拥有太丰富的灿烂，从而聚集成太丰富的伟大。正如赫尔德所说的那样：他在每一个生活进程中都是一个男子。拉步陀与克乃勃尔称他是一位英雄，铁石心肠的拿破仑也不得不喊出："这是一个人！"

从这不长的评说中，足见她知识面之广、思考问题之深刻，以及用词之精美。再比如，她看了《曾国藩家书》之后写的一篇笔记：

> 曾国藩祖父梦蛇藩生。咪生也有异，呱呱坠地之时，即与死神纠缠半月。人曰“大难不死，必有后福”，咪闻此语皆一笑了之。今读曾国藩，实感快乐非常，侠气虹流。书上曰：“梦龙，天子相；梦蛇，一品相。”奇人必有奇兆。然转念一思，至人无己，神人无功，圣人无名，又将快乐一把挥去。见窗外花态柳情，只愿茫茫今古，积成感慨于胸中。

这篇读书笔记不仅面面俱到，而且结合自身经历与感慨，以及名言警句，很显大家风范。

老咪不仅读自然科学类书，也读名著与哲学类书。6岁时，她将《千家诗》一首一首地往下背，钱锺书注释的《宋诗选注》也一首一首地往下看，而且在繁体字上都注上简体字。7岁时，又细读了800多页的《辞海》。后来又读《唐诗三百首》《全宋词》《近三百年名家词选》《山头火俳句集》《尼采诗选》《浮士德》《歌德诗选》《叶赛宁诗集》《普希金诗选》《雪莱诗选》《李白全集》《杜甫全集》等中外诗词。同时读《红楼梦》《三国演义》《水浒传》《故都》《雪国》《老人与海》等中外小说，以及《管锥编》《随园诗话》《文心雕龙》《文学与人物》《艺海一勺》《艺林散叶荟编》《诗韵新编》等谈艺类作品；《大气运行漫谈》《人在自然界中的位置》《趣味物理学》《趣味生物学》《非人——时间漫谈》等自然科学类书，也令老咪如痴如醉；至于《周易》《梅花易数》《生活智慧》《希腊悲剧时代的哲学》《查拉图斯特拉如是说》等哲学类书，更是令其心驰神往。

王辉湘认为，读书是一个汲取信息、丰富知识的益智历程，也是一种审美体验与哲学思辨的精神活动，甚至是在原有知识载体上再创造的创新过程。所以他经常与老咪一起经历与感受这一过程的美好与激越，并以口头语言的形式表述彼此的认知与见地。这种丰富有趣的谈论，无时无刻不在构成一幅迷人的风景画。无论是在落英缤纷的英雄山脚下，还是在惊涛拍岸的青岛海滨；无论是与猫咪共同悠闲漫步于门外的小园中，还是全家人筷勺往来于有声的饭桌上，父女二人都将所读之书作为审视主体，热情洋溢，侃侃而谈，使这一说的艺术情趣盎然、美不胜收。

王辉湘惊奇地发现，老咪犹如一块偌大的海绵，迅速而贪婪地吮吸着知识的甘露。而妙语警句层出不穷，奇谈哲语峰回路转，更表现出她已进入了书的深层境界并迸发出奇特的创造力。欣喜与愉悦之情在王辉湘的心田荡漾，同女儿感情和语言的交流也与日俱增。老咪则因有爸爸的热情参与，感受到了父爱的汩汩流淌，激发起口头与心理交流的莫大兴趣，所谈似滔滔江水，灵感也滚滚而来。所以，老咪的每一番议论，都是知识性、逻辑性、哲理性、情趣性和创造性的高度融合，都是一篇篇闪动着灵性的口头创作的读书笔记。

王辉湘心潮澎湃，感受着“弟子不必不如师”的内蕴，同时用精彩而不失分寸的评论对老咪进行褒扬。老咪得到了爸爸的肯定，自信心不断增强，愉快之情溢于言表，于是又有了一泻千里的下一番宏论。

这种富有文化内涵与幸福愉快的说，使老咪渐渐练就了出口成章、下笔成文的特有才能。心灵的澄澈与思维的活跃，和着知识的增多、智慧的开启，将老咪推向了一个左右逢源、游刃有余的富有艺术品位的境界。

王辉湘还认为，读书是一种艺术享受，没有任何的功利目的；老咪同样感到读书是一种高品位的愉悦，甚至是一种玩。所以，王辉湘与老咪读书，有一种恬静淡泊的心境。当读累了的时候，马上将书放下，另换其他书再读。读其他书也感到累的时候，就抱起猫来玩玩，或演一演木偶戏、吹一吹笛子，或蹦蹦跳跳、唱唱笑笑。有时则站在阳台上，远观岛城美景，心游天外，美在心间。王辉湘与老咪一致认为，保持心理愉悦至关重要，读书与玩有着内在的联系。孔子在《系辞》上加批《周易》说："君子居则观其象而玩其辞，动则观其变而玩其占。"《周易》这么一部伟大的著作，孔老夫子为什么非在上面加个"玩"字呢？于是父女二人便对这个"玩"字进行了研讨，认为这个"玩"字是指一种学习态度、治学方法。这种"玩"不是一般孩子稀里糊涂的玩，而是对入乎其内、乐而忘返的读书境界的深层解读。

王辉湘有时也带着老咪去游玩，但外出时总忘不了带书，因为他们认为读书与游玩是融为一体的。他们到海滨去时，老咪总忘不了带一把小铲、一个小篮，以便铲沙装沙，一个小女孩的活泼烂漫由此显露出来。而与此同时，小篮旁边还放着两本高深的哲学书。玩一会儿沙子之后，父女二人便会坐在沙滩上，各翻开一本书，彻底步入哲学的王国里。这时候，小女孩的天真不见了，与哲人交流的深邃又表露出来。

老咪对哲学情有独钟，她还特意创造了富有情调的"哲学小屋"。她将许许多多的布娃娃按中外著名哲学家的名字编上序号，如泰勒斯、阿那克西曼德、芝诺、赫拉克利特、亚里士多德、柏拉图、孔子、老子、庄子等等，并逐一按其哲学思想与其对话，有时还展开一番争论。在老咪看来，这不是一个个布娃娃，而是一位位闪烁着智慧之光的有灵性的大哲学家。她从他们那里吸取智慧，也用自己的智慧与他们交流。所以，对话之时，她其乐无穷；融入其中，她哲语迭出，美不胜收。

王辉湘与老咪一块儿读书，老咪超常的智慧越来越显现出来。王辉湘尽管经验丰富，读书面也相当宽泛，但他没有老咪特有的感悟力，对书的内容的理解也难以达到老咪的高度与深度。老咪明显地超越了爸爸，这令王辉湘既惊讶又兴奋。

老咪的知识越来越丰富，智慧也愈来愈深邃，但她并不满足，王辉湘也不满足。他告诉老咪，知识与智慧犹如一个圆，掌握的知识与具备的智慧越多，这个圆便越大，而圆外的未知部分也就越大。宇宙浩瀚无垠，人类在宇宙面前显得格外渺小，还有什么值得骄傲的呢？人类对知识的学习与对未知的探索，是永远达不到宇宙那样无边无垠的。所以，学无止境，智慧也无止境，人们应当永远向未知的世界进军。

写：一挥而就，文采飞扬

老咪的诗作，清丽隽永中透射出灵气，哲思深邃中流溢出童趣；老咪的散文，洋洋洒洒有大家风采，纵横驰骋呈名家风貌；老咪的学术性文章，显示出独到的见地、严密的论证、清晰的思路与犀利的笔触。能步入写作的高层境界，除了老咪特有的天赋之外，王辉湘的教育有方与老咪的不懈努力当是主要的原因。

英国作家、心理学家、教育家托尼·布赞说：“你的大脑就像一个沉睡的巨人。”关键是如何有效地开发大脑，并使这个“巨人”迅速地从沉睡中醒来。老咪天资聪颖，对诗有着特殊的兴趣，王辉湘便张扬这种天赋与兴趣，使老咪内在的潜能充分发挥出来，并将写作的热情推向正确轨道。

老咪5岁时就问爸爸：“什么是诗呢?”王辉湘说：“用自己的感情，以抒情的笔调与富有音乐感的形式写出来的便是诗。你已经具备了写诗的能力，你一定可以写好诗!”老咪高兴得手舞足蹈，开始作诗。老咪说一句，王辉湘记一句。老咪激情满怀，神游天外，诗句脱口而出，王辉湘笔走龙蛇，还难以记上。记完之后，王辉湘便异常激动地读给老咪听，还不时评赏几句。老咪高兴地问："我写的这就是诗了吗?"王辉湘说："是诗，而且是好诗!"老咪问："我能不能赶上李白与杜甫?"王辉湘说："李白、杜甫写诗再好，也不能作出你的诗，正像胡适先生诗中说的：'你不能作我的诗，就像我不能做你的梦。'李白说：'天生我材必有用。'我说：'我才无用亦天生。'如果是有感而发，具有美感，再伟大的诗人也无法替代你!"老咪听得入神，她感到爸爸很伟大，也感到自己是一位诗人。从此她写诗的激情一发而不可收，写了一首又一首，家里渐渐地堆起了一大堆草稿，那便是老咪的诗，带着情感与想象的诗，充盈着灵气与真善美的诗。有了好的开端，便有了美好的未来。老咪写诗的热情与日俱增，写的诗也渐渐形成了自己的特色。小诗人老咪的大名，也被越来越多的人所知晓、所称道。

老咪写的各种题材的诗都极具特色，都有出神入化之美。对遁入空门的李叔同，她专门赋诗一首《赠李叔同》：

浮云飘，太阳起/落花洒满地/春风赶来报悲喜/山河大海祝福你/祝福你，忆往昔/浪头与礁石别依依/叔同入空门/风也穿佛衣/穿佛衣，发削去/化作昨夜花满地/你身后留下一片神秘/枝头小鸟乱猜疑

老咪对佛教有一定研究，且对李叔同有特殊好感，便赋物以情感，以超尘出俗的笔法，写出神秘莫测的内容，给人们留下回味无穷的特有美感。

老咪作诗，已有 9 年诗龄，只要握笔在手，铺纸在案，就

有一见如故的感觉，只要写出一个字，其他的诗句便会一泻千里。她认为，一位真正的诗人，无须酝酿感情，因为感情就在你的胸中，灵感时刻围绕在你的身旁，时刻都会倾泻于你的笔端，都有美妙的诗诞生。

为了从不同的方面培养老咪的写作能力，王辉湘非常注重培养老咪写日记的习惯。从老咪上学的第一天起，王辉湘就叫她写日记。一开始老咪不知道日记怎么写，王辉湘便告诉她："日记就是将你一天中看到、听到、想到的记下来。如果无事可写，画一个圆圈、一个三角形、一幅画或其他任何图形都可以，但绝对不可以空缺。"老咪记住了爸爸的话，而且将日记题名为《人生小记》，每日必记，有的还配上插图，图文并茂，颇具情趣。

1997 年 5 月 9 日老咪生日之时，便写了这么一篇日记：

生日即初生之日，此之前为婴卧于母腹，此之后为人立于乾坤。生日故，使卧变立，由婴转人，从母婴之狭迁乾坤之广，其意之重，当不必言。咪因终日学习洒扫应对之礼，写书作文之术，故借新生之意，作稚嫩文章。本应藏拙为幸，却不得不拿出，以求指教，难免挂一漏万。故立此本于生日，以自我嘲之。

这篇日记是由生日而感，有感而发，所感所发有写作之事，也有其他之思，足见其日记的特色。

老咪上学途中所见，也被记入日记：

咪之离家甚远，诸多时光费于车上。咪只得在途中看云观草。咪每见异彩纷呈、云蒸霞蔚之圆苍，雨余芳草、花落红堤之大块，便发浩叹：伟哉自然！挥鞭策驰四运，操纵万物不歇。春来秋往，观云看草，眼目之昏聩、心脾之困结尽皆遗尽。

老咪的日记均以文言文的形式写成，不作无病呻吟之状，真实记录自己的所见所闻所感，而且个性突出，神采飞扬。

其他方面的写作也是如此，甚至考试时写作，也是下笔成文，无须预先列好提纲，突出一个什么中心。在老咪看来，写作是人的感情与思想的自然而然的流露，它能流到哪里就流到哪里，能流出什么东西就流出什么东西，不要有意地压抑它，或给它定个条条框框。本来是那么纯真、那么烂漫的东西，让它变得很腐朽、很成熟，就失去了那种最珍贵的精神。尤其是有故事情节和想象性的文章更是如此，其故事情节如何推展，结局将会如何，这是连作者本人也难以预料的。由此思考老咪写文章具有一挥而就、文采飞扬的神奇才能也便在情理之中了。

当然，老咪并不是不追求写作的艺术形式，只是这种追求是自然而然的。她不满足于流水账式的描写，总是寻求一种最佳的表现方式。她认为，她看过的事物不是一般人看过的事物的外在形态，而是被缪斯以泪浇过的富有灵性与内涵的事物，所以灿若群星，奇妙无穷。艺术家往往为眼前的自然骚动起来，不再安于用古老的方式倾吐，无数平平仄仄，架起世界的风铃；无数类似十四行、彼得拉克式、俳句、史诗的方式拌成混凝土，将艺术家的心灵作为支撑的钢筋，筑就文艺的殿堂。

老咪对目前同学们崇拜偶像的现象不以为然。不见了福楼拜、莫泊桑，逃走了海明威、巴尔扎克，消失了歌德、席勒，更不用说尼采、黑格尔，有的却是一群群歌星，不知道这如何对得起“崇拜”二字，又如何与文豪们相媲美。老咪对此常扼腕长叹。她认为，江山代有人才出，艺术更需要感情的爱。现在便要行动起来，去把握世界，创造世界。她充满信心地告诉我："终有一天，我们中国人也会以划时代的作品及非凡的语言，登上诺贝尔文学奖坛!"

老咪有一个灿烂的目标，她的写作必将走向辉煌的未来。

爱：发乎自然，扩及万物

一个人的学习与事业成功与否，往往与其思想情操的高下密切相关，甚至思想情操的高下起着决定性的作用。王辉湘便特别注重对老咪美好品德的培养，使老咪的思想素质全方位地得以提高。

王辉湘的思想教育不是空洞的说教，而是结合老咪的性格特点和生活实际，进行自然而然的爱心教育，从爱父母、爱师生，甚至爱动植物与世上万事万物开始，使老咪成为充满爱心、关心他人、关心集体、同情弱者的人格完善的人。

欲让孩子爱心永驻，首先家长要有爱心，只有这样才能在潜移默化中对孩子产生影响。这种爱的教育，王辉湘从老咪刚刚出生时就开始了。老咪刚一问世，便窒息昏迷没有哭声，在医院的温箱里生活了半个月。王辉湘为了挽救这个小生命，全力以赴，心力交瘁，他相信老咪可以活过来，相信老咪能够健康地成长。王辉湘的爱心与努力产生了奇迹，老咪走出了危险期，而且长得愈来愈健康，与爸爸的感情愈来愈深厚。老咪上幼儿园时，便写了一首充满感情的诗——《童年的根在温箱里》。她读给老师和小朋友们听，老咪泪流满面，其他人也都泣不成声。

王辉湘夫妇由于工作繁忙，不得不将老咪送到乡下她的外婆家。老咪 7 个月时，王辉湘赶到乡下去看她。当时老咪满身是土，正在地上乱爬。见此情景，王辉湘心中一阵悸动与不安，马上将她抱起来，用淌满泪水的脸去亲她那泥泪交加的小脸。奇怪的是，老咪立刻感受到了这种父爱，一次又一次地亲吻着王辉湘，并形影不离地跟着他，将她认为最好吃的东西全部拿来给他吃。王辉湘不容分说，将她抱回济南，工作再忙，他也要每天见到自己的女儿，每天给她父爱，每天感受女儿所给予的最美好、最动人的爱。

王辉湘关心老咪的生活、学习，更关心她的感情、思想。他与她在心底交流感情，两人既是父女，更是亲密的朋友。爱在父女间传递，两人感情越来越深，相处也越来越融洽。

王辉湘与老咪的父女之情，融化在平时的生活中，也融化在她的诗句里。王辉湘在青岛电视台工作之初，老咪还在济南读小学。一天下午，小雨淅淅沥沥地下着，老咪打着伞送爸爸去济南火车站。老咪送了一程又一程，泪水和着雨水在流淌。王辉湘说："老咪，只要我们生活在同一个地球上，就离得不算远，距离相见的时日便不会太长。"老咪点点头，望着爸爸的背影在雨中渐渐消失。对爸爸的思念之情，在老咪的心中激荡。回家之后，她立即写诗一首，题为《流过的水》：

洒泪相送/背影飞出眼中/清晰的雨/如今迷迷蒙蒙/打开电灯/看看水的行踪/似在眼前/又远在天边/让我如何跟从/我早已懂得了/流过的水像洪钟/你听，你听/听……

掷笔于案，放眼窗外，仍是细雨蒙蒙，老咪依旧思绪翩翩。晚上，王辉湘从青岛打来电话，老咪将这首诗读给他听。王辉湘听着听着，泪水不由自主地顺着脸颊落下。以后每每读起这首诗，王辉湘总是热泪盈眶。他感到女儿读懂了爱，自己的爱有了最真诚的回报。

王辉湘教育老咪不仅要爱自己的父母，还要爱自己的老师和同学。老咪读懂了爸爸的话，也读懂了爸爸的心。她爱自己的老师如父母，爱自己的同学如兄弟姐妹，特别是对一些有困难的同学，她所给予的爱更是无以复加。老咪有一位同学叫张M，妈妈到了美国一去不复返。张M过生日时，老咪专门前去庆贺。晚上，张M的爸爸迟迟没有归来，只有这两个小朋友相互倾诉着。她们俩划了一根又一根火柴，都没有点燃起生日蜡烛，直点到一盒火柴只剩最后一根，方才如愿以偿。两个人抱头痛哭，十分伤感。老咪为张M写了许多诗，如《杏树——写给旧友张M》《想念M》等，表达了一个善良纯朴的女孩对处在困难中的同学的思念与关心，弹奏着一曲又一曲爱的赞歌。

上学第一学期，老师因老咪回答问题积极且作业完成得好，给了她许多五角星，以示鼓励。她对这些五角星珍爱有加，并将其一一贴在日记本上。9月10日教师节前，她将对老师的一份敬意与爱心，写成一首题为《星星里的爱心》的诗，并在庆祝教师节的全体师生大会上朗诵：

天空是一张白纸/老师发给我的红五星/我就挂在那里/红五星每天都在发光/它的光亮比太阳的光亮还要温暖/温暖得就像妈妈的胸怀/在红五星里面/可以找出多少份爱心呢/那些爱心每天都在散发/就如鲜花的芳香一样

全体老师听后都惊讶不已，也激动不已。一个刚入学的小女孩，将老师对她的无私的爱心与关心，以及她对老师的一份真诚的爱，珍藏在心底，也流溢于笔端，似自然流淌的水，情真意切。

老咪的爱心还辐射到动植物身上，她将它们视作有生命、有感情、有灵性的东西，同情它们，爱护它们，关心它们。她从来不吃小猪、乳鸽、小兔子等小动物，宁愿自己饿着肚子，因为她认为吃这些东西是一种残忍的行为。

四五岁时，头发自然地卷着的老咪犹如一个洋娃娃，活泼而可爱。一天，王辉湘带着她到济南军区的一个大院的一片草坪上去玩。草坪上有一群叽叽喳喳叫着的麻雀，见他们走来，便一起飞了起来。老咪便拼命地追去，还喊着："你们别跑呀，我是你们的好朋友洋娃娃呀！"但麻雀们听不懂她的语言，更不了解她的一片爱心，一飞而去。见此情景，老咪泪流满面，并问王辉湘："爸爸，我是洋娃娃，它们见到我为什么要飞走呢？"王辉湘除对她热爱小动物大加赞赏外，还讲了麻雀见到人后飞走的原因。尽管如此，老咪还是非常伤心，在她的心里，任何动物都是与人的感情融为一体的。

一天夜晚，老咪蒙眬中听到外边传来猫的声声凄厉的哀号，她感到这是一只没了主人无家可归的猫的哭叫，于是披衣而起，走到窗前，站立许久，为那声音流出许多泪水。她觉得自己也成了一只没了家、失去了主人的孤独的猫，在四处流浪。老咪爱猫，胜过爱自己的生命。她家养过许多猫，她目睹了每一只猫的出生。小猫出生后发出的第一声叫声，总让她格外开心。

即便植物，老咪也认为上苍已经赋予其感情与灵性，可以与自己进行心灵的沟通。上一年级时，老咪住的院子里有许多高耸入云的白杨树，每天放学归来，她都要用小手温柔地抚摸它们，并跟它们说悄悄话。但突然有一天，放学归来时，她发现人们为了盖房子砍伐了一排白杨树。她惊呆了，跪在地上，一棵又一棵地去抚摸那倒在地上的无声的树。她万分悲痛，坐在那里流泪、思考，并一行又一行地写着诗句：

木匠的斧再锋利/砍掉了你的树叶/锯断了你的枝

干/可是砍不掉你一圈圈积累下来的年轮……

在她看来，如此残酷的事情，却由人类去执行，这是一种悲哀。人们爱人，也要爱及万物。只有充满爱心的人，才会品德高尚。王辉湘为老咪的爱心而感动，而且悄悄地使她的这种爱心不断地向深处、远处延伸。

心：宠辱不惊，平静似水

王辉湘不仅注重老咪的品德教育，而且注重对老咪健康心理的培养。良好的心理素质，对一个人的终身成长起着至关重要的作用。有了健康的心理，失败了也会成功；失去了它，成功了也会失败。

王辉湘对老咪采用了鼓励教育的方法，以培养其自信心。他从来没有正面严厉地训斥过她，哪怕她犯了错误，他也是循循善诱，以情理说服，用正面鼓励代替反面批评。她不应该做某事，应该做好但并未做好某事，王辉湘总是用鼓励的话予以引导。这似乎是鼓励，其间却有对她行为的批评与否定。这种带着爱心与鼓励的语言，使老咪在高兴之中改进了自己的想法与做法。所以，这种具备现代意识的教育思想，使老咪始终感到有希望、有信心。

老咪上小学时，成绩经常名列前茅。偶尔考得不好，王辉湘也以鼓励的话语给她自信。一次，老咪数学考了 95 分，回家后很不好意思地告诉了爸爸。王辉湘听后哈哈大笑："不少不少，我还以为考了 59 分呢！"然后非常满意地告诉她："只要用功去学习了，得多少分都是取得了成绩。你如果不上学，休说 95 分，15 分也得不到。所以，你要感到满意，感到高兴。"孩子考得差，本来就心里紧张，感到内疚，父母再去严厉训斥，甚至拳脚相加，势必影响孩子健康心理的形成，也必然影响孩子学习成绩的提高。

有时候，王辉湘也与老咪探讨现实与未来以及理想等问题。由于爸爸长期的思想熏陶与自己从读书中不断地吸取精华，老咪对任何境况都始终抱以乐观的态度。即便考不上大学，只要有饭吃，老咪也感到生活是一片美好。因为世界上有更多美好的东西需要人们去关注，和它们去交流、去对话。春天，那绿草与树叶是怎样一天天地舒展，那花儿是怎样一朵朵地开放，即便是有了虫蚀的有洞的枯枝败叶，在她心中都有无穷的乐趣。她认为，一个人，只要生活在地球上，就应当感到骄傲，就无须有更高的要求。老咪在日记中写道：

> 好在老咪有好笑之癖，笑眼一缝，万事万物尽括其中。哪怕忧抵山重叠，愁量海深浅，亦可以笑待之。

这种健康的心理，为老咪的成长与发展，铺平了广阔无垠的道路。

正因有了这种健康的心理，在任何场合，要老咪做任何事情，她都可以从容应付。1992 年，年仅 8 岁的老咪，在鞠萍、董浩主持的全国“金童杯”颁奖晚会上，朗诵一首自己编写的歌颂少儿电视工作者的诗。导演王宏担心她临场发挥不好，要给她一定的指导。老咪坦言相告：“导演，您不用管了，我知道怎么办!”结果，她面带微笑地走上场后，一边朗诵，一边满场跑，而且多有即兴发挥，且恰到好处。当到了烟台一位少儿电视工作者面前时，她随手掀起他的帽子，露出光秃秃的脑袋，她说：“你看，还有这位叔叔，让沙漠的大风吹成了光头。”全场为之鼓掌。由于她感情充沛，诗意盎然，道出了对少儿电视工作者的一腔敬仰之情，鞠萍等在场的少儿电视工作者都在热烈地鼓掌之余，洒下了激动的热泪。导演王宏还称老咪是一位不可多得的表演天才。

老咪主张作为动态的人都要有一颗静态的心，她认为真正的静心，应当是宁静笼罩一切，极乐无拘无束地悸动着，和谐无边无际地弥漫着，然而没有人记录这一切。静心者忘却了一切，无论投多少石子，静心依然如无瑕碧玉般的湖面，没有一丝波澜。在这高远的境界中，除了尘，什么都消失得无影无踪。压力也好，轻快也好，失败也好，成功也好，老咪都可以笑待之，表现出罕有的乐观情绪与健康的心理素养。

目前自杀者屡有所闻，甚至波及大学生、中学生，乃至小学生，之所以如此，大都是心理疾患造成的。而因心理不健康造成工作、学习、生活以及身体不健康的，更是俯拾皆是。所以，培养健康的心理是目前教育者的一项大工程。

老咪的心理健康与爸爸的心理健康有着直接的关系。王辉湘培养了她的赏识爱心、解读爱心和宠辱不惊、平静如水的心理素质。家长的溺爱不是真正的爱，爱要适度，要恰当，这里面有教育学、心理学，乃至哲学等大学问。

其实，家长也是教育者，只有心理健康的家长，才能教育出心理健康的孩子。如果对每一位家长进行心理测试的话，我们有相当数量的家长真是有负子女之望。作为家长，要有爱心，有耐心，有热情，有修养，才能将自己的知识外化出来，将自己的孩子培养成有用之才。爱可以使人变得越来越豁达，人格越来越完善；心理健康则使你从胜利的此岸走向胜利的彼岸。

孩子生命成长启示录

作为读者，看到这里，老咪的成功之谜也该破译了。不过，我还想强调两点，以期引起人们更深层的思考。

其一，教育心理学研究告诉我们，孩子的潜力是巨大的，但我们在他们生命的最初六年磨灭了他们的天资。所以，教育必须从孩子出生开始，而不是从孩子入学开始；教育必须挖掘与张扬孩子的天赋与灵性，而不是压抑与扼杀孩子的天赋与灵性。那么，家庭，而不是学校，是世界上最重要的教育机构；家长，而不是教师，是主要的启蒙教育者。所以，家长整体素质的提高迫在眉睫，家庭教育质量的提高至关重要。从某种意义上说，孩子的未来，甚至祖国的未来，与我们家长的教育紧密相连。

其二，必须摒弃短视与单一的教育行为，将家庭教育视作一个动态的系统工程。不是将孩子培养成“一心只读圣贤书”的“书呆子”，而是培养成适应 21 世纪挑战的全面发展的未来型人才。所以，不仅要教育孩子会说、会读、会写，而且要教育孩子具备崇高的思想品德、高尚的审美情趣、健康的身体与心理，以及良好的社交素质。同时，这其中的每一项个体素质都不是孤立存在的，它们环环相扣，互为因果，构建成全方位提高孩子素质的系统工程。惟其如此，才能够将孩子培养成创造未来的有用人才。

智者老咪

——一位当代罕见的少年奇才

坐在我面前的，是一位13岁的小女孩，名叫王筱菲。

她高谈宇宙之奥妙，纵论天下之文章，妙语连珠，有华章迭出之美；激扬文字，呈大气磅礴之势。

疑惑，震惊，慨叹。

自号老咪

1988年，济南动物园。春风轻拂，新绿乍露。

久困于园中的老虎，似乎也感受到了春的召唤，在围观的人们面前，昂首信步而行。那伟岸的身躯、从容自若的神态，显现出特有的威武与勇猛。

人群中一个4岁的女孩，被这只老虎所表视出的崇高与壮美惊呆了。她情不自禁地叹道：“多么像一位大思想家啊！”

旋即，小女孩产生了一个奇异的想法——让爸爸为我养一只老虎该多好啊！

当这一思考以语言的形式表述出来时，随行的爸爸惊讶得无言以对。

不过爸爸是报社的记者，他深知如何保护孩子的天性，并将她的好奇心发挥得淋漓尽致。待他平静下来之后，便非常高兴地告诉女儿：“筱菲，老虎不好养，爸爸给你买个老虎的师傅吧！”

于是，父女二人手牵着手，高高兴兴地离开了动物园，走向了卖猫的市场。

当一只只形态各异的猫展现在王筱菲眼前时，她真有点惊喜若狂了：老虎的师傅不但长相与老虎相似，而且颇有些大家风范。于是她很快买定了一只大猫，与爸爸一起唱着美妙的歌曲回家了。

夜半将至，爸爸妈妈睡着了，可爱的猫咪也已奏响了入梦交响曲。筱菲却辗转反侧，难以入眠。她在思索着一个必须解决的现实问题：我属鼠，而猫是鼠的天敌，为化干戈为玉帛，必须给自己取个与猫相关的别名。王小猫，不行；王大猫，也不好；王老猫，更不雅。正在山穷水尽之际，筱菲的灵感突然闪出火花：取名王老咪！这名字不仅与猫有了共通之处，而且不失登堂入室的雅致与情调。于是，老咪"鼎鼎大名"，便渐次走进爸爸妈妈、老师和同学们的心里，出现在电视里，刊登在报刊上。

猫走进了老咪的家里，也走进了老咪的心里。她与猫同卧一床，嬉闹对话，兴趣盎然，感情日笃。伴之而来的，是诗情洋溢，佳作纷呈。我读老咪的《波斯猫》《红睛蓝天美洲猫》《红睛花鼻猫》《褐色雄狮猫》《虎腿猫》《黛玉猫》等有关猫的系列诗篇，总有一种身临其境、如见其猫的感觉。我们不妨共同读一下她的《雪球猫》一诗——

春去雪融冰无迹/忽见雪球滚巷壁/洁白惊心疑为仙/原是一只玉猫咪

老咪以七律的形式咏猫，融进了无限的遐想与美好的感情，令我们啧啧称赞之际，也情不自禁地喜欢上这只雪球猫。

到目前为止，老咪已经有了 9 年的养猫史，所养之猫已达 23 只之多。在老咪看来，这 23 只猫皆是猫国精英，个个气度不凡。所以，她的咏猫诗，也就有了水到渠成之势。

小小诗人

老咪自幼对大自然情有独钟，而且有着一种与生俱来的写诗灵性。她刚刚一个多月大时，每天夜间两点会号啕大哭，一到 4 点便戛然而止。其间任你妙计千条，都难以止住这天籁的呼号。一天，爸爸无意间将她抱到墙上所贴的一幅泰山风景画前，奇迹出现了：老咪顿时停止了哭叫，脸上露出了前所未有的惊喜，一双幼稚而明亮的眼睛闪出兴奋的光彩。

小小的生灵，对自然风景画竟会如此痴迷与神往！

对五彩纷呈的自然景物，老咪更是充满好奇心与喜爱之情。

天上的星星为什么不停地眨眼？地上的河流为什么不断地流淌？美丽的鸟儿为什么婉转地歌唱？鲜艳的花儿为什么遍地开放？……

这一切的一切，在老咪看来，都是那么新奇与美好，都充盈着诗情画意。

对每一种景物，老咪都有着持久的兴趣，她都可以从中寻找出美来。每一天太阳升起，她都怀着激情去观赏。在她看来，这不是太阳的重复出现，而是有着新的内涵、新的景象。太阳也是一个活的生灵，她正在进行着执着的追索。

她与大自然同在，大自然便是一首首洋溢着生命热情的华彩诗章。

两三岁时，老咪就特别喜欢听爸爸读诗。尽管她还弄不懂诗的意思，但那平仄起伏的韵律美，那抑扬顿挫中所蕴藏的奥妙，似磁石一样吸引着她。于是，她也经常说一些像诗一样的话。遥望夜空时，她脱口而出："天上的星星真美啊！是爸爸为我买的吧？"

四五岁时，老咪开始遍览中外童话与名著连环画，而且开始写诗。她家门厅的整扇窗子上都涂满了她的诗与画，右下方是她用毛笔写下的唐代诗人贾岛的“一日不作诗，心源如废井”的诗句。每写一首诗，她都将童趣与真情贯注其中，呈现出清水出芙蓉般的美来。《荷叶上的项链》便是一首令我们回味无穷的小诗：

水珠落在荷叶的脖颈上/就如一副项链/那是谁给她戴上的呢/是星星和别人吵架了/掉下来的泪珠/深深地吻着荷叶/还是云彩生下来的小云彩/哇哇大哭，掉下来的泪珠/在深深地吻着她

从诗中，我们可以窥见纯真好奇的老咪对眼前自然景观精细的观察，以及丰富的想象与天真的思索，字里行间荡漾着诗情画意与美妙的旋律。

五六岁时，老咪已经写了20多首诗，她问爸爸：“够不够出一本诗集?”爸爸为了激发她的创作热情，便将这些诗打印出来，装订成册，题名为《咪咪诗集》。老咪喜不自禁，拿到幼儿园里给小朋友和老师看。老师夸奖老咪写的诗好，不过也告诉她，这还不是真正的诗集。老咪回到家里问爸爸：“这为什么不是诗集呢?”爸爸说：“这也是诗集，只是没有正式出版。以后你的诗写得多了，就可以通过出版社出一本真正的诗集。”

老咪为诗集而作，为大自然而作，为真情而作，创作激情一发而不可收，几乎每天都有诗作诞生。

一天，妈妈让老咪去打酱油。路上，她踩着一个小东西，顺脚一踢，发出一种声响。这立刻激起了她的好奇心，忍不住上前看看究竟是何物，原来是一个小石子，无声无息、无怨无

悔地躺在地上。老咪不由慨然长叹："这石子受人冷落，又任人践踏；这坚硬的外壳里面，也一定有一颗鲜活的心在跳动。我却顺脚将它踢起，于心何忍，于理何容？"她怀着内疚之情，将石子轻轻捡起，小心翼翼地把它放在一簇草丛里。而同时，灵感迸发，《石子的梦》一诗也便应运而生了：

星星又出来了/石子默默地祈祷/谁能理解它的心情/有谁懂得它的爱/年复一年躺在马路边/悄悄做着自己的梦/草丛是它的家/露水是它的陈年酒/大志拿云/无奈身居角落/怀才不遇/默默无语/石子悄悄借酒消愁/无限豪情付诸东流……

老咪因碰着石子而好奇，但她并未在好奇的层次平面推移，而是向着思考的深层挺进，从而具有了耐人寻味的诗的意蕴。

老咪的爸爸王辉湘的童年是在鲁南的一个乡村度过的，那里有他美好而忧伤的回忆，以及久贮胸中的浓浓的思乡之情。当爸爸将这些情景告诉老咪时，她的心里也激动不已，她的眼前也浮现出那个乡村：它坐落在一条清澈见底的小河旁，鸡鸣犬吠，恰似一支优美的乐曲。河岸上的树林，与绿茵茵的小草同生共长。荷锄归来的农夫，在晚霞余晖里唱着古老悠长的鲁南小曲。而此时此地的爸爸，感叹乡景之优美，抒唱思乡之愁曲。于是，老咪的诗情奔泻而来，便有了《归途》的诗章：

岁月沧桑日复日/走过的路都唱行路难/秋风春雨年复年/茫茫秋水望不断/想回故乡/只叹长亭短亭归途远/岁月沧桑/女娲炼石补天/秋风春雨/洗去年华改容颜/想回故乡/只叹长亭短亭归途远

爸爸抖动着双手读完这首诗时，已是泪水涟涟。那种思乡盼乡而又难以归乡的情怀，竟让女儿透视得那么彻彻底底，抒写得如此淋漓尽致！

老咪对大自然的特殊感悟力，来源于她对它的非同寻常的热爱。回到故乡时，她看到地上有一些裂缝，便认为那是大地的伤口。走在路上，她格外小心，生怕踩着这伤口给大地带来疼痛。哪怕一个极小的裂缝，她也不去踩踏它。她不时趴在地上细细察看，不知不觉落在同行人的后面。田野中的青草上滚动着晶莹的露珠，她感到那是一个个充满着情感的生命体。她面对旭日，祈望它少放些热量，使这露珠多停留一些时间。特别令人惊讶的是，老咪初见汪汪狂叫的大狗，也会高兴地奔跑过去，抱住狗的脖颈，轻抚它的毛发，亲昵它的面部。奇怪的是，狗也一改凶相，变得温顺起来，如同遇见久别重逢的友人。

一年冬天的一个晚上，下了一场大雪，老咪和爸爸清晨起来，推开房门，只见茫茫大地尽是皑皑白雪。老咪猛地挣脱爸爸的手，飞也似的冲出去，一下子躺在雪地上，欣喜若狂地翻跟头和打滚，而且不停地喊着："哎呀，雪啊，你真美，真好！你就像我的妈妈一样！"

老咪对大自然的爱不加雕琢，内心有着原始的天性美。这种对大自然的特殊情怀，也许与她那文思泉涌的诗的灵感有着某种内在的联系吧。

在老咪看来，大自然是一位完美的哲人、一位文思泉涌的诗人，并非自己有意地去寻找诗，而是诗在频频地触摸你。诗是大自然的生动再现与有机升华，是内心情感的自然流露与迸发，自始至终没有丝毫斧凿的痕迹。如果离开了大自然，只凭想象去写诗，可能一时有物可写，却难以游刃有余和取之不尽、用之不竭。而老咪是大自然的精灵，她可以永远从那里撷取诗的灵感。

对大自然的特殊热爱，又为她开辟了一条研读自然科学的新路径。她试图从那些科学巨匠思维的结晶中，探索难以破译的自然科学之谜。她怀着极大的热情，认真阅读了《山海经》《星星离我们有多远》《宇宙的起源》《植物的性别》《冰川的故事》《周期王国》等数十部自然科学著作。她发现自然科学不单单是一门科学，也是一首首诗，神思天外，奥妙无穷。比如，自然数“3”，3 条鱼、3 本书、3 只杯子、3 个人等，都可以用它来囊括、来表现。其想象力该是何等丰富！数学家难道不是伟大的诗人吗？因此，她常从自然科学著作中发现诗的精魂，产生诗的灵感。老咪看了《宇宙的最后三分钟》后，对热寂问题有了一定的了解，并根据物理学推断，认为万物有生也有死，地球最终将走向毁灭。人类要么与地球一块儿毁灭，要么在地球毁灭之前撤离地球。她设想在浩渺的宇宙中设立一个个太空站，并通过它们前往新的星球重建新家园。想象与思索插上双翼，在老咪的脑际遨游，于是有了充满着瑰丽想象与科学思考的《撤离地球》的长诗。可是她在重新审视这首长诗并深入思考之后，又有了泪流满面的悲叹：地球是人类的家园，人类怎能背井离乡一走了之呢？必须拯救地球，用高新科学技术将移民从新的星球上接回地球，结果又有了《重返地球》的新诗。老咪怀着真情去触摸自然科学这块神奇的瑰宝，也用诗人的想象去描绘这片崭新的世界。绵绵深情与科学假想合二为一，使这种诗篇有了别具风采的审美情调。

老咪对音乐同样有着特殊的感悟力。她听到拖拉机轰隆隆的声响，也会随着节拍载歌载舞。虫啾鸟鸣，她感到那是一首首优美的歌曲，而且会情不自禁地哼出一些与之协调的曲子来。她每次听二胡独奏《二泉映月》，都会感动得流下泪来，弦音歇而哭声久久不止。她喜欢竖笛，并且无师自通地摸索着吹出许多乐曲。对任何歌曲，只要听上两遍，她便可以吹奏出来。她经常即兴吹奏一些自编的乐曲，而这些曲子有着不绝如缕的美感与曲径通幽的诗的意境。尤其是在写诗之前，她总是以自编自吹或自编自哼的乐曲为前奏。而后，诗兴大发，抒写出文辞兼美的诗作来。

1993 年 6 月 20 日晚，年方 9 岁的老咪随爸爸去拜访前卫歌舞团古筝演奏家郭红莲。郭红莲因这位小有名气的小诗人的光临而喜不自禁，要求老咪当场赋诗一首。老咪灵机一动，请求郭红莲任意弹古筝一曲，她便可以写出一首与这首曲子内容音韵相关的诗来。郭红莲稍作思考，便轻启玉手，弹奏出一支动人心扉的《秦桑曲》。还在余音袅袅不绝如缕之时，老咪已经握笔在手，一挥而就，一首《听〈秦桑曲〉》便诞生了——

是谁在远方哭泣/声音忽高忽低/如雨的泪滴/在琴弦上走动/如风的忧愁/吹散了欢喜的白云/是谁在远方哭泣/声音忽起忽落/那泪行比雨行还多/那凉风让心与身体分离/悲惨的哀啼/如春蚕吐丝一样/把人紧紧缠住/等人从茧子里出来时/已愁得鬓发斑白

郭红莲惊叹不已，不由得对这位小诗人赞赏有加，而且逢人便讲老咪是一位即兴赋诗的小天才。

1993 年，9 岁的老咪对自己的诗作进行了遴选与整理，集 154 首诗为一书，以《因为太阳的缘故》为名由济南出版社正式出版。于是，小诗人王筱菲的名字在众多少年儿童的心里悄悄地占有了一个位置。

诗集洋溢着小诗人对世上万事万物的热爱之情。日月星辰、花草树木、一个小动物、一缕清风，都在小诗人的笔下闪烁出亮丽的色彩，都形象地流动着人的灵性、人的感情。读着它，有如沐春风的愉悦感，以及徜徉在大自然中那种乐而忘返的审美体验。

走近深邃

老咪登上小诗人的宝座之后，并没有在大自然的恩赐中忘乎所以。她深深地感到，作为一个艺术家，形象思维必须建立在深沉的理性思维之上。形象思维犹如一匹脱缰的野马，尽管可以给人们带来喷薄不止的诗的激情，但如果任其恣意腾飞，就随时会有险情出现，从而给诗人的创作造成不可小觑的损失。所以要有一根缰绳，这就是深沉的思索。惟其如此，方可似野马般奔跑于疆场去驰骋想象，又可以奔向既定的目标而获得理性的升华。

其实，老咪很小的时候，就为洋洋大观的中国文学壮观的气势而感叹。爸爸说《周易》《诗经》以及孔孟、老庄等人的学说博大精深，是中国古代文化的浓缩与结晶，所以，从四五岁时起，老咪就对这些古代先哲的大作产生了一睹为快的渴求，意欲窥观它何以如此辉煌、如此灿烂。

小学四年级时，老咪开始攻读原版《道德经》，而且边看边用毛笔抄写，然后一张张地贴在墙壁上。老子的哲思就在她的笔下飞扬，老咪也恍若走进了一个哲人的王国，还将感受以四字一句的形式写成《得道歌》：

庄子老子/得道轻之/一年如同/野马奔之/两年才始/收敛心之/三年等得/心无碍之/四年混同/天无我之/五年仿佛/大众归之/六年已经/通神鬼之/七年好像/明自然之/八年不知/生死忘之/九年于道/大彻悟之

诗作尽管尚显直白，但可以从中看出她对老庄哲学的领悟。

对于道家，她尤爱庄子。老咪认为庄子继承了老子好的一面，而又有所发扬光大。在庄子那里，没有任何世俗的东西，庄子犹如莲花一样纯洁无瑕。

1996年，老咪与爸爸一起阅读了《论语》《大学》《中庸》与《孟子》等，而且写出自己的感受，用文言文做了笔记。

不过，老咪不喜欢朱熹。经过纵横比较，她深深地感到：宋朝以后的儒学，已经框定在伦理道德的桎梏之中，活力尽失，如死水一潭，久而久之，造致死灭。孔子谈《周易》，如果换成庄子，绝对是另一种味道。而朱熹谈《周易》，更无多少新鲜的东西。《周易》原本光芒四射，但朱熹使之充满了儒家思想，令人大失所望。老咪大有巾帼不让须眉、孩童不怕哲人的气概，在对《周易》反复研读之后，给八八六十四卦各画一图，并以古文的形式对每卦写上自己的理解，图文并茂，学术研究的大气点洒其间。于是，老咪谈《周易》，更使莘莘学子刮目相看了。

老咪之所以喜欢看原版书，是因为古文十分精练，增之一字则太多，减之一字则太少。而翻译后的东西，便失去了原汁原味。任何一样东西，吃别人嚼过的都没有味道。老咪从中国古代文化精华中感受到一种高山仰止的空灵与深沉、一种撼人心扉的力量。老咪读黑格尔与尼采的作品，总因是译著而深表遗憾，而且立志精通外语之后，再去重读黑格尔、康德、尼采、巴尔扎克、托尔斯泰、歌德等大家的原版作品。

老咪每次读书，情感与思维便会同时彻彻底底地走进书的深层境界，充满愉悦之情而又具有洞悉奥妙的智慧。她常常以“夫子第七十三贤者老咪”作读书札记的署名，而且对孔子敬仰之时也不一味盲从。她读到《论语》中樊迟向孔子请教如何种庄稼一节时，仰天长笑不止。因为其中有这么一句："樊迟出。子曰：'小人哉，樊须也！'"她认为这么一位伟大的哲人，为什么不当面批评樊迟，却在背后说他是小人呢？这岂不是滑天下之大稽吗？而对自己崇拜的大诗人李白，老咪认为其也有难以恭维的地方。在读李白的《与韩荆州书》中，不由得因李白"生不用封万户侯，但愿一识韩荆州"而捧腹大笑。因为在她的心目中，李白放荡不羁，洒脱磊落，视功名利禄如粪土，但为了得到韩荆州的提携，竟说出如此令人肉麻的拍马逢迎的话来。由此观之，老咪好像就在书中所写的现场，一览无余地看清了人的神态动作，透视了人的心理活动轨迹。平面的文字，在老咪的审视中，形成了充盈着活力与灵性的立体架构。

老咪读《红楼梦》《西游记》等，入情入境，如痴如醉，而且嗟叹其前无古人、后无来者的奥妙。在她看来，真正流芳千古的东西，世界上只能有一次；试图攀登峰顶，只有另辟蹊径，方可达到相应的高度。

老咪认为，在星河灿烂的中外文化中，也有不尽如人意的东西。她在积极"拿来"的同时，也在履行着批判的职责。她拜读马克思、恩格斯、列宁、毛泽东、邓小平等人的文章时，每每为这些伟大的马克思主义思想家的深邃思想所叹服，而且有意识地运用马克思主义的文艺观点去审视中外文学作品和哲学著述，吸收其精华，剔除其糟粕，自觉地步入一种良性阅读的天地里。

老咪与书有着不解之缘，每天除了抱着猫外出散步 20 多分钟的时间外，几乎全部遨游于书海之中。一般是独自在房中，沉浸于读书的特有情趣里。有时也与爸爸共踏书山，共同感悟哲人的思索。读到高潮处，父女二人便又唱又跳，那情景与心情是难以用语言形容的。有时，老咪还将布娃娃摆满一床，把它们当作一群有生命和思想的孩子，有声有色地读书给它们听。为了增加读书情调与创设最佳氛围，老咪还请爸爸配上与诗文内容相和谐的音乐，情景交融，其乐无穷。

老咪也与爸爸共同讨论读书的感受，一般是一唱一和，相得益彰，将读书的兴致激发到顶峰。但有时看法各异，老咪便摆出一副雄辩家的姿态，旁征博引，口若悬河地将爸爸击败。

老咪在阅读当代作家的文章时，常感叹大思想家之不再。她认认真真地拜读了钱锺书的作品，认为他是一位大学问家，但绝不是大思想家。她感到悲哀的是，现在不仅大思想家寥若晨星，就连大学问家也是凤毛麟角。

老咪执着于研究中外大思想家的作品，而且用文言文写日记，抒发感受。哲人站在辉煌的思想文学巅峰在召唤，老咪感到一阵阵惊喜与震动，于是加快了步伐，向着崇拜的山顶伟人奔去。

由于对中外名著与学术著作的大量阅读与潜心研究，老咪近几年的诗作在不失其固有的童趣之时，充满了深沉的理性的思索。小诗人的身上，体现出一种与其年龄极不相称的大家风范。

在当今流行歌曲走进千家万户之时，老咪却有了《模仿流行歌》的思考：

> 月下李白杯中酒/写一首诗在风雨后/挥笔而就的功夫有没有/落叶飘在身后头/李贺骑驴走呀走/得到诗情袋里投/荒山野岭松柏树/都触过他那诗的手/仙人鬼才黄鹤楼/大气魄老咪我也有/要说那灵感来没来/请看天边云悠悠

大街小巷，酒店歌厅，多是流行歌曲，近乎靡靡之音。但有多少人去思索蔚为壮观的唐诗，又有谁去义无反顾地攀登李杜“诗仙”“诗圣”的高峰？令许多成人感到惭愧的是，我们十来岁的小诗人却“衣带渐宽终不悔”地思索着、攀缘着。

但老咪绝不是一个死抱住诗书不放的“小学究”，在她身上，始终荡漾着孩子天然的童趣。当我问及她最喜欢干什么时，她的回答竟是“玩”。不过，老咪与一般孩子的玩法并不一样，她喜欢将自己的玩与大自然的美融为一体。她有时躺在大自然的草坪上，入情入境地观赏云彩从一个地方飘到另一个地方，从一种形态转换成另一种形态，云聚云散，云密云疏，都令她兴奋不已。于是，灵感不断迸发，隽永的诗篇也便从容地流泻出来。有时老咪在两棵大树之间系上一张吊床，悠闲自得地躺在上面，在一摇一摆中步入读书的深层境界之中，走入与哲人对话的王国里。大自然之美与读书之乐浑然天成，难分难解。有时老咪还在“杨柳岸，晓风残月”的场景中，将柳枝轻轻折下，随意地编织成一顶草帽，戴在头上，并洒上一些清水，让其似露珠一样从脸上滑落下来，流出美的享受，流出诗人的激情。在她看来，这种玩带着大自然的气息，带着一种清新与诗意，是一种很高雅、很美的玩。

就在这篇文章即将收尾的时候，老咪的爸爸又抱来一摞她的读书笔记，真真切切地令我大吃一惊。老咪读书涉猎面之广，做笔记之精妙，没有亲眼看到、亲身体会过的人是怎么也想象不到的。中外著名诗作与“四书”“五经”等自不待言，就连《文心雕龙》《后山诗话》《诗品》等古代文论，以及有关佛教方面的著述等，她也无不研读，无不批注。即便是《蒙田随笔》《查拉图斯特拉如是说》等国外作品，她也深入研究。在《中庸》章句第 25 页，她洋洋洒洒地写道：

老咪生也知之，学也知之，困也知之，相加，谓之大知。学，好也，力行也，知耻也，三心皆有，谓之大悟。咪大知大悟也，可谓孔孟、老庄之兄弟也！

老咪读完《世界文学编年史》后，在感叹于这些中外文学大师的成就之际，也有了跻身世界文学之林的思考。在书的最后一页，留下了老咪写下的两行文字：

1984 年 5 月 9 日，老咪出生于济南。

1994 年，老咪遂有了鄙视世界的气概。

翻阅着老咪的读书笔记，总感到有一种新颖奇妙的思想火花在迸射、一种俯瞰天下的气概在奔流。

读老咪的日记，感觉真是别有洞天、妙不可言。她以行云流水般的文言形式，抒写自己的所见所闻所感，给人以赏心悦目的美感。

老咪因房小而屈居于阳台之上，唯有一堆书、一张床、一面窗而已，但这里是她生活的小天地，有她独特的审美体验与心理感受。1997 年 9 月 17 日，她便将这种体验与感受抒写了出来——

咪因来青不久，故居无定所。现住之处因室小，而咪睡于阳台。此处乃咪之天地。朝则白云悠悠，午则阳光万丈，暮则以斜阳洗出灵奇面目。至夜，更乐趣无穷，不必言"一床明月半床书"，单只那月上嫦娥，销人魂魄，绰人眼光之身姿，即令人遐想万千。落花水面皆文章，怡神清兴可玩赏。咪之窗前虽无青山列屏、湖水献玉之美景，但一样东风，无二花开，亦令人心醉神迷。"春来尚有一事关心，只在花开花谢"的我，于每岁之秋，亦有似春之爱。更加之今又逢草已添黄，色早迎霜之季，咪每日立于窗前，夜则后花而眠，朝则先鸟而起。欲拢尽一声一色，勿使其偶遗也。咪之乾坤虽小，然幽同明月而留痕，雅似梅花且有骨。有星之夜若黄金结网烁烁若文章；有风之夕同云悲吐气愤愤似号令。块视三山、杯观五湖之失路英雄、逃名隐士，居斗室较摩苍苍、覆漫漫之广厦亦不失色。咪效颦于高人逸士，也欲于余之天地内铺开纸张，寄情笔墨。

在这块小天地里，老咪有“笑眼一缝，万事万物尽括其中”的胸怀，也有“书可赏心，画可悦目，琴可舒指，乐可美耳”的乐趣。于是提笔成文，一气呵成。而她的每篇日记，乃至于老师布置的每篇作文，她都无须标中心、列提纲，而是“情动而辞发”，并且每每意象幽远、文辞优美。

翻着她一篇篇文采飞扬的日记，我的心里一阵阵战栗、一阵阵喜悦。而其中的几句诗句，更将我的这种感受推向深处——

拿破仑用剑未完成的事业/让我用笔代劳/卓别林用笑未感动的人们/让我用诗使其远离死亡

看到我满脸惊讶，老咪又给我送来一个惊喜：“在第三本诗集问世之际，我还将有《老咪说易》《老咪读书》和《人生小记》三本书出版。”

老咪真是个谜，圆圆胖胖的脸上，始终荡漾着童真与烂漫；而在她的内心深处，却有着诗人的神思飞扬、哲人的深沉思索。

灿烂明天

《因为太阳的缘故》收集了老咪 1991—1993 年的诗作；而

放在我案头的即将出版的诗集《把风雨做成标本》的清样则收集了老咪1994—1996年的新诗。三年一本诗集，三年一个飞跃。13岁的老咪，从泉城济南来到海滨青岛一年多的时间里，已经走进初一的课堂。她度过了人生征途上一段美好的年华，她书写了一段令我们思索的历史。

老咪的努力与收获也得到了人们的认可：1993年，她被授予“济南小名士”称号；1994年，在中央电视台六一儿童节举办的“跨世纪少年雏鹰行动”评选活动中，她成为7名获奖人之一；1995年，她被吸收为“中华少年诗社”社员；1996年，她竞选上了青岛市市南区红领巾理事会主席；1997年，她被国家教委与中国作协等单位授予“小作家”称号，并获得“全国百名好少年”的殊荣。青岛电视台、济南电视台、山东电视台、中央电视台以及《中国教育报》《中华少年》《山东少年报》等新闻媒体，都报道过老咪写诗读书的情况，而且引起了相当强烈的反响。老咪真可谓一路拼搏而又一路鲜花。

在荣誉面前，老咪并未忘乎所以。在她看来，在浩瀚无际的宇宙面前，人类显得格外渺小，而自己就更加微不足道，没有任何值得骄傲的资本。同时，也没有任何令她沮丧的事情，她有老师的关心、父母的爱护。而且走到外面，不管是阳光灿烂，还是刮风下雨，大自然总赋予她一种美的感觉。所以，愉快伴随着她，幸福伴随着她。一种健康的心态，让她微笑着走向明天。

当问及老咪未来的打算时，她不假思索地说道：“关键不在于以后干什么，而在于干什么爱什么，干什么干好什么。如果我以后当了领导，就做一个刘罗锅式的好官，为民做主，为民造福。如果以后当了一个诗人，就像李白那样胸怀博大，清逸脱俗，美妙诗文如黄河之水一样从天而来。如果我成了一名画家，就会用自己的笔将世界上的美一一描绘出来，奉送给千汪洋是一位既有文化内涵又具人格魅力的母亲，她不仅关注女儿林曦文化品位的提升，而且更注重林曦高尚人格的养成。在林曦很小的时候，她就着意对女儿进行中国优秀传统文化的熏陶与教育。在她的培养下，林曦待人彬彬有礼，处事多考虑他人，而且富有一颗爱心，一次又一次地无私帮助素不相识的有困难的人，同时奉行“善行无辙迹”原则，虽然做了许许多多的好事，却认为这是分内之事，从来不做宣传。

汪洋还特别呵护女儿的天性与自然之美。她认为，美丽是一种自然的状态，能够让孩子永葆纯真与童趣，不仅对塑造孩子美好的心灵大有裨益，还可以促进其心理与智力的健康发展。所以，在汪洋的教育下，林曦尽管在很多方面都取得了突出的成绩，却依然保留着一份“天然去雕饰”的从容与优雅。

林曦，1984 年生，重庆人。2 岁识字，4 岁学书画，11 岁参加成人高等教育自学考试。毕业于中央美术学院中国画学院，获硕士学位。

1996 年 8 月，应邀在法国举办首次个人画展。之后相继应邀在泰国、印度、尼泊尔等国家及香港、澳门等地举办个人画展。被海内外多家媒体誉为“东方文化小天使”。

1997 年，中国唱片总公司为林曦录制个人专辑《微妙音——曦曦的歌》。

1998年8月，应邀赴京参加赵朴初主持的抗洪救灾义卖书画作品活动。

1999年，出版《微妙音——曦曦诗文书画集》。在澳门举办“庆回归——曦曦禅意书画展”，并出版《曦曦书画集》。时任澳门特首的何厚铧亲自为曦曦主持开幕式，并题词：“赠曦曦小朋友——张开美丽的翅膀，播撒灿烂的东方文化。”中共中央统战部召开“第一缕晨曦——曦曦作品座谈会”，全国人大常委会副委员长王光英亲临祝贺。应邀赴香港参加孔子国际研讨会并宣读论文。赴泰国为泰王诞辰举办“曦曦禅意书画展”，泰国外交部发言人亲自主持曦曦画展新闻发布会。

2000年，应邀赴泰国为泰国新闻发展基金义演并募集资金，演奏中国古琴，获得极大成功；并应邀参加中国大使馆为泰国红十字会举办的义卖活动，泰王室珍藏其作品。应邀赴新加坡参加亚洲儿童节，受到纳丹夫人的接见和宴请，且将其书画作品珍藏。

2002年8月，为《重庆晚报》爱心接力活动义卖画作18万元，用于资助家境贫困的优秀大学生，并出任此次活动的“爱心形象大使”。

2003年出任重庆电视台“新世纪希望电视行动”希望大使。

走向世界不是梦

——汪洋家庭教育启示录

14 岁的林曦，作为中国社科院宗教学会与中国茶禅学会年龄最小的会员，不仅正式出版了个人演唱专辑与专著，而且 12 岁时就在法国巴黎成功地举办了个人画展，并在其他一些领域里也取得了突出的成绩。这令世人惊奇，也令世人佩服。为此，我多次采访了林曦，并特别采访了教其成才的妈妈汪洋。这更令我惊奇与佩服，她那圣洁的母爱与独具特色的家庭教育，使女儿脱颖而出，从重庆走向全国，并且走向了世界。

注重培养孩子的忍耐力与专注力

汪洋认为，一个人未来的发展前景如何，与幼儿时期的教育息息相关。当代心理学研究显示：着意培养孩子静下心来做事的耐性与专注力，是促进其智力与非智力因素发展的关键所在。林曦乖巧而文静，汪洋便决定针对女儿进行一些有益的探索。

林曦刚刚 6 个月的时候，汪洋决定用摘棉丝的方法锻炼她的专注力与忍耐力，为其未来的发展奠基。

汪洋在一张绒布上铺上一些棉丝，然后用拇指和食指轻巧地将一缕缕棉丝摘起。林曦学着妈妈的样子，也摘起一缕棉丝。妈妈微笑着鼓励她继续摘下去。林曦尽管口水顺嘴而下，小小的胖手不停地抖动着，还是认真地摘下去，而且越摘越熟练。

妈妈开始给她加码，上午铺一张，下午铺一张。林曦摘得既认真又正确，在妈妈的表扬声里，愉快地唱起了歌儿。此后，妈妈继续给她增加任务量，她依然神情专注、不急不躁地摘下去。

一天，妈妈一狠心，决定给她布置超量的任务，以此观察她有无超常的忍耐力与专注力。林曦刚刚摘完一张，妈妈就将第二张铺好，并让她马上摘下去。一口气摘完 10 张之后，林曦圆圆的小脸上已满是汗水，嘴里也不由得发出“哼哼”的呻吟声。妈妈心疼女儿，但更想培养女儿的耐性，于是笑着鼓励她：“乖孩子，要忍耐，继续摘下去！”边说边不由分说地一张又一张地铺下去。其间妈妈还时常晃一晃奶瓶，笑着告诉林曦，任务完成之后就可以喝上鲜奶。于是林曦笑了，异常专注地摘下去，一共摘了 20 张，是平时数量的两倍多！林曦喝着可口的牛奶，听着妈妈的表扬，那时她似乎明白了妈妈的心思。

以后，妈妈继续用这种方式培养她的耐性与专注力，最多的时候，林曦一次竟摘了 80 张。在紧张的摘棉丝期间，时间似乎凝固了，世界仿佛空无了，林曦心里想的、眼里看的、手里做的，全是摘着的棉丝。裤子尿湿了，林曦全然不知，依然一刻不停地摘着……

教育心理学研究告诉我们，当儿童专心注意某一事物时，一方面，在其意识中，极其鲜明与清晰地反映这一事物；另一方面，他的注意力也离开了其余的一切事物，在注意力高度集中的时候，甚至可以看不见或听不见周围发生的事情。林曦这种高度集中的注意力，为其以后学习新知打开了破译困难的“门户”，她也在完成任务中尝到了通过努力获胜的幸福与愉悦。

林曦 8 个月的时候，妈妈开始让她学解橡皮绳打的结。林曦笑嘻嘻地抓着妈妈的手，全神贯注地学习着。只用半个小时，她便解开了。妈妈接着又给她打了5个结，她又一一解开了。然后妈妈又给她打10个、20个、30个……她都紧张有序地解开了。这时候，她已经具有了一定的耐性，形成了专注做事的良好习惯。

林曦1岁多的时候，无论做任何事情，都可以专心致志地进行下去，而且一做便是两三个小时，一做便进入忘我的境界之中。

两岁的时候，林曦开始学习识字。她不仅有耐性，而且有灵性，学得认真且迅速，智商与能力明显高于一般孩子。

识了一些字后，妈妈便让她去读书。有时给她一本书，让她一遍又一遍地读。妈妈有意向她传递一个信息：新鲜有趣的事要做，单调枯燥的事也要做，真正的专注与耐心表现在各个方面。结果，林曦不管看何等兴味索然的书，不管看多少遍，都认真如初、专注如一。

正因如此，林曦形成了特有的耐性与专注力，具备了可持续发展的良好的心理素养。后来她做搜集资料等比较枯燥单调的工作，也毫无厌倦感与急躁情绪，而且做得认真仔细、正确无误。画画写字，常常累得汗湿衣衫，甚至要贴上伤湿止痛膏，但她仍持之以恒地干下去。这种良好的意志品质，使她一次又一次地摘食胜利的硕果。

由此观之，对幼儿进行忍耐力与专注力的培养，有利于他们注意的集中性与稳定性的发展，有利于形成有意注意甚至有意后注意等良好的意志品质，从而使其受益终身。在这一教育过程中，孩子不但逐渐聪明起来，还能够形成一种“战必胜”的健康心态。这种心态将伴随着人的一生，使其总是平静地面对各种困难与挫折，并在充满信心战胜各种困难与挫折中享受成功的愉悦。尤其是欲成大事者，更不可缺少这种良好的心理品质。

目前一些家长对孩子的溺爱，已经步入一种可怕的教育误区，错失了培养孩子良好心理品质的机遇，不知不觉地在做着阻碍孩子健康发展的事情。看看汪洋的教育思想和行为，年轻的父母是否也该认真反思一下呢？

教育孩子具备孝顺的美德与管家的能力

目前，独生子女衣来伸手、饭来张口的惰性行为，以及不知孝敬父母的思想倾向，大有愈演愈烈之势。面对这一困惑，一些家长在娇惯抑或指责孩子的时候，却很少反省自己的教育观念与思想行为。虽然他们确实也希望自己的孩子具备孝敬父母的美德，更希望孩子能够成为适应未来挑战的有用人才，但是他们步入了一个家庭教育的怪圈，认为孝顺父母是孩子长大成人以后的事情，现在则是家长全心全意疼爱孩子的时候；帮助家庭与社会做事是未来之举，目前则需要对孩子悉心呵护与尽力帮助。其实，孩子犹如一张洁净无瑕的白纸，父母在上面涂什么颜色，画什么图案，直接影响着孩子的未来与一生。如果一味溺爱，使孩子养成只图享受、不会做事、不知关心和帮助他人，甚至不知关心和帮助父母的心理定式与生活习性，即使长大成人，也是积重难返，难以重新养成良好的习惯。社会上这种令父母遗恨终生的事例比比皆是，然而不少人对此熟视无睹，仍然继续进行着这种既害了孩子也害了自己的“教育”。

汪洋清醒地审视了这一畸形的家庭教育现象，认真剖析了产生这一教育后果的内在原因，结合自己家庭的具体情况，对林曦从小进行了有的放矢的教育。她意识到，父母不仅要以宽广的胸怀、无私的爱心来关心和帮助孩子，也要使孩子明显地感受到这种关心与帮助，尤其是要使孩子能够反过来发自内心地关心与帮助父母，从而养成孝敬父母、关心他人的美好品德，并以此为乐、以此为荣。

林曦有了自理能力之后，妈妈便教会林曦炒菜做饭，并让她承担安排全家饭食的工作。每逢周末或外婆不在家时，林曦便主动做饭。她先征求妈妈的意见，妈妈喜欢吃什么，她便做什么，而且所做的菜符合色香味俱佳的高层次要求。做完后，林曦将可口的饭菜端到妈妈面前："妈妈请品尝，如果不合您的胃口，我重新去做。希望妈妈多提意见！"看到妈妈满意的笑容后，她才感到自己尽到了责任，喜滋滋地离去。平时，妈妈刚刚起床，林曦便会将热茶泡好，轻轻端到妈妈面前，甜甜地问一声"早安"，然后才笑着去干其他事情。有客人光临，也是林曦将其迎到屋内，轻声笑语中将茶泡好，轻轻地放到客人面前。林曦精通茶道，泡的茶芳香四溢，每每受到客人的啧啧称赞。

妈妈的衣服需要熨烫，叫一声林曦，便迎来一片笑语。林曦很快就将衣服熨得平平整整，使妈妈穿上精神倍增。妈妈与外婆生了病，吃什么药，什么时候吃，她都一清二楚，并会按时递送药物与开水，看着大人将药吃下方才悄然退下。至于打扫卫生等体力活儿，林曦更是义不容辞地承担起来。她认为，孝敬之情是从心里自然而然地流淌出来的，能减轻大人一点劳苦便是奉献了一份孝心，便是一种美好与幸福。

汪洋认为，培养女儿孝敬老人的品德，必须从小开始、从家庭做起、从点滴小事做起，"勿以善小而不为，勿以恶小而为之"。所以，她经常对林曦讲，孝顺之心体现在平平凡凡的生活之中，做家务便是学习生活的一种调剂，也是人生的莫大享受。能够劳动，愿意劳动，并为别人做事，是一种幸福与快乐，是人生的至高境界。妈妈可谓身体力行，言行一致，她孝敬林曦的外婆，也无私地帮助素不相识的人。天长日久，耳濡目染，林曦认可了这种品行，并且逐渐渗入心灵。所以，她所有的孝敬行为，都呈水到渠成之势，显返璞归真之美。

同时，妈妈还着意培养林曦处理家庭事务的能力。林曦才四五岁时，妈妈便让林曦帮助处理一些事务。做某一事情，尽管家长并非束手无策，却故意表现出忧虑焦躁的神态，促发林曦情不自禁地想方设法，出谋划策，为父母分忧解难。有时候，林曦可以连续提出三四条处理问题的意见供妈妈参考，而且有的确实言之成理，行之有效。渐渐地，林曦成了决策家庭事务的主要人物。年龄稍大后，妈妈干脆彻底放手，让林曦总揽处理家庭事务的大权。于是，家里该做什么事，如何去做，林曦都认为是分内之事，而且处理得当，应付自如。即便是纷乱如麻的事情，经林曦条分缕析，很快也会迎刃而解。

于是，妈妈又大胆地将财政大权交给林曦。这位家庭“财政部长”受命之初便接受了家庭“总统”——妈妈的 12 字旨意：“节俭为本，出入合理，账目清楚。”林曦家的经济条件尽管已达小康水平，但该花的钱花，不该花的钱分毫不动。妈妈以身作则，严以律己，平时生活俭朴，在外工作从不喝一瓶矿泉水；林曦如法效仿，从不买一件昂贵的衣服穿，从不买一根冰棍吃。节余钱款，可供以后不时之需，也可帮助生活贫困的人。平时生活不求精美，粗茶淡饭而已，所以，奢侈与她们无缘，浪费也远离她们而去。翻开林曦的账本，收入多少，支出多少，以及支出项目，都一清二楚，分毫不差。

理财如此，管物也是林曦的分内之事。家中诸样东西放置于何处，父母未必知道详情，林曦却如数家珍，了如指掌。只要妈妈提出要哪样东西，林曦便会如探囊取物一样轻松取来，送至妈妈手上。

林曦管理家务的能力与孝敬父母的美德同时放出了光彩，从而给了妈妈一个安慰与欣喜。同时，这也给所有的家长一个有益的启示：孝敬父母这一美德的培养并非难事，关键是要改变观念和做法，从小开始。所谓的爱祖国、爱人民，绝不可束之高阁或流于空谈，而要实实在在地从爱父母、爱家庭做起。一个连养育自己的父母都不爱的人，有何资格奢谈爱国的大道理呢？孝敬父母这一传统美德，展示出一个人的爱心，并影响到其良好品德的形成，无论是对父母还是对社会，都起着不可小觑的作用。

同理，能力的培养也要从小开始，从家庭这一社会的细胞开始。我们不能对孩子放任自流，也不能采取不信任的态度，更不宜包办代替、越俎代庖。只要家长起到表率作用，信任孩子并指导得法，孩子的潜能便会淋漓尽致地发挥出来。而且这种能力一旦形成，便会起到辐射作用，带动其他能力的提高。以后在处理家庭以外的事情甚至较大的事情时，都可以游刃有余。这种可以使孩子终身受用的能力的培养，我们的家长何乐而不为呢？

非常有趣的是，培养孝心与管理家务的能力又有着某些内在的联系。孩子管理家务，自然可以减轻父母的身心压力，从某种意义上说，也是在尽着一份孝心。孝敬父母不是单纯的口头表述与心里的想法，而要表现在各个方面，帮助父母管些事务，也是在尽着一份孝敬之心。所以，二者彼此关联，相互促进。作为家长，对于这一两全其美的事情，是否应该在顿悟之后马上付诸行动呢？

在潜移默化中让孩子充满爱心

汪洋是一位充满爱心且友善的慈善家，长期义务主持着一家颇具影响力的专业慈善机构。她在向社会播撒爱心的时候，也在“润物细无声”地感召和影响着林曦。所以，林曦很小的时候，便知道了爱父母、爱人类、爱动物、爱自然，而且所有的爱都发自内心，自然顺畅地流进友善的爱河。

林曦入学之前，在幸福地接受父母之爱的时候，也以各种形式去回报这种爱。同时，她照妈妈的“旨意”，在阅读中外名著之余，将小学课本精读多遍，直至将其中的知识全部掌握为止。入学年龄一到，妈妈便将她送入小学，以期让她到学校这个新环境里去感受集体的温暖，同时将自己的知识奉献给新的同学、新的伙伴。

林曦知道如何去爱自己的同学。她不仅真诚对待同学，团结他们，还经常帮助学习成绩差的同学补习功课，而且传授他们方法，帮助他们树立信心，使他们的学习成绩迅速攀升。她对受歧视的长相较丑和家庭困难的学生，更是充满爱心，关怀备至，使他们真正地感到了生活的美好与集体的温暖。

妈妈教导林曦，关心同学，首先要尊重他们，真心地去爱他们，要把他们当成自己的兄弟姐妹。林曦与同学们和谐相处。她把自己不能穿的衣服送给一些经济困难的同学，但她在送时又独具匠心。她认为如果说把自己不能穿了的衣服送给他们，便成了一种施舍，会使同学产生收受“嗟来之食”的自卑心理。所以，她总是轻轻地笑着用祈求的口吻对这些同学说：“我的衣服不能穿了，你要是喜欢的话，就帮我穿好了。我们是朋友嘛！你就帮我这个忙吧！”这些同学听后特别高兴，欢欢喜喜地收下衣服，愉快地穿上。这些同学在感到有了意外“收获”之时，也有了“帮助”他人的自尊与愉悦。这种送法看起来是一种形式的变换，从中却可以看出林曦对同学的一种赤诚与爱心，她在给这些同学以经济的援助，但更是给他们以心理的资助。没有解读爱心的良苦用心，便没有这一独特形式的诞生。

林曦对老师的爱也是独特的。她从一年级起，就为工作繁忙的老师排忧解难。她不仅帮助老师维持班内秩序，而且帮助老师写教案、改作业。老师外出参加培训与活动时，林曦便担任代课老师。林曦确实堪当此任，教什么都认真负责且应付自如。同学们听她讲课，能步入愉悦审美的天地里，情趣盎然，乐此不疲。

所以，林曦在校深受老师与同学们的喜爱。她的一颗爱心得到了师生们的认可，也温暖了他们的心，于是他们也和林曦一样去奉献爱心，帮助他人。

走出校门的林曦，那颗鲜活的爱心也无时无刻不在跳跃着。她认为爱是人的天性，是从心底里流溢而出的美德，永无止息地流向人间，流向永远。于是，这份爱也便有了结晶和情趣。

1994 年夏天的一天中午，放学归来的林曦，除背着书包外，手里还拿了许多大小不一的碎玻璃，被日光灼红的脸上，不停地流淌着汗水。一向自信的林曦，露出一副无可奈何的神情。

“这是怎么了?”妈妈惊讶不已。

原来，林曦在放学回家的路上发现地上有很多碎玻璃。她想，现在前来城里打工的农民很多，而且不少赤脚行走，倘若不留意，踩在上面，就会受伤。这些农民工大多生活困难，无钱医治，万一感染了破伤风，后果将会不堪设想。于是林曦俯身蹲下，小心翼翼地将碎玻璃一一捡起。

林曦拿着这些碎玻璃，去寻找可放置它们的垃圾桶。然而，当她终于找到一个垃圾桶时，她又毫不犹豫地停住了脚步。一位年迈的老奶奶，正用瘦骨嶙峋的双手，吃力地翻找着桶内的垃圾，艰难地捡拾着认为尚可一用的东西。如果将碎玻璃倒进垃圾桶里，肯定会划破这位老眼昏花的老奶奶的手。

林曦无奈地离开垃圾桶，继续寻找着目标。

草地上有稚童嬉戏，曲径旁有爱侣浅笑……

林曦低缓地向妈妈叙说着自己的无奈：“我真的找不到可

以放碎玻璃的地方，只好将它们拿到咱们家来了。”

妈妈怦然心动，竟溢出许多激动的泪水。她希望女儿学识日进，更希望女儿有一颗善良的爱心。林曦小小年纪，时刻牵挂的是他人的安危。平凡小事，昭示的是她崇高的品格与美好的情操。妈妈的言传身教，有了令人满意的收获。

妈妈从林曦手里将碎玻璃一块一块地接过来，又一块一块地放置到墙角，然后送给林曦一个满意而慈爱的微笑。

那些赤脚行走的农民工和捡拾垃圾的老奶奶，也许永远不知道林曦为他们尽了一份努力，甚至永远不知道林曦这个女孩的名字，但他们在毫不知情中享受了林曦奉送的一片爱心。而林曦母女在爱别人的时候，并不希望自己的行为得到任何的回报，更不希望被宣传出去。因为在她们看来，爱是神圣的、无私的，它不祈求报答，只有奉献！也正是这种奉献，让世界充满了美好，充满了希望。

1996 年夏天，妈妈正在感冒发烧，林曦从《华西都市报》上看到了一则触目惊心的消息：一个高位截瘫的 27 岁女孩，褥疮已经生蛆，高烧持续不退，生命危在旦夕，却因经济拮据而无法住院医治。

林曦流着泪问妈妈：“您生病很难受吧？”妈妈无力地点点头。林曦泣不成声地说：“这么多人关心您，又不缺钱治疗，您还觉得这么痛苦。您看看报上说的那位阿姨，真是可怜啊！她希望自己的病情好转，她也憧憬着美好的明天。我们应当全力帮助她啊！”

妈妈看看万分悲伤的女儿，又去看了报上那个悲惨的故事，然后擦一把泪水，坚定地说：“行啊！你说怎么帮助她吧？”林曦转悲为喜：“我把所有的压岁钱，以及去法国参加画展时人们给的钱统统拿出来，不够的部分您全部补上。”

妈妈忘却了自己的病痛，立即给成都的朋友挂通电话，详细安排了救助那位女孩的工作，迅速地将钱寄去，使她很快住进了医院。

几乎走到生命尽头的女孩，脱离了生命危险，治好了生蛆的褥疮，重新燃起生的希望。

这时，林曦与妈妈相拥在一起，高兴地笑了。

爱心是自然的，又是博大的、多元的。充满爱心的人，随时能发现可以播撒爱心的对象，而且随时都会想出奉献爱心的方法。这是林曦从妈妈平常的言谈举止中得出的一个结论，她也水到渠成地进入这样一种境界，给妈妈送去一个又一个欣喜，给自己留下一个又一个欣慰。

正因如此，妈妈从事了慈善事业，林曦的愿望也是做一位慈善家。妈妈从事慈善事业，不求分文报酬，有时还默默地进行捐助，救人于危难之中。而且每次捐助时，都是母女同行，秘而不宣，自然真诚，乐在其中。有时通过大张旗鼓的宣传进行募捐活动，这时候妈妈便亲临现场，奔走呼号，敬请行人献出一份爱心。何时何地何人捐献多少，一一详细记录在案，账目与总额都是分毫不差。妈妈这种以他人痛苦为自己痛苦的同情心与助人为乐的精神，无声而又强有力地感召着林曦，她在为妈妈的这一高尚行为深感自豪之时，也产生了从事这一光荣职业的强烈愿望，并且踏踏实实地从现在开始，一步一个脚印地向着既定的目标前进。因此，她勤奋地写书、作画、出唱片，都是为了多帮助一些需要帮助的人。

汪洋同情弱者，扶危济困，深爱人类，同时，她也爱动物、植物等宇宙中的万物，而且将这种博大宽广的爱传递给林曦，并将之根植于林曦的心中。于是，林曦在深爱人类的时候，对美好的自然风光、活蹦乱跳的各种动物，以及日月星辰、风雨雷电，都投以真诚的爱心。她会因鲜花盛开而兴高采烈，也会因小动物突遭厄运而潸然泪下。仰观太空，她会进入空灵的境界，感受宇宙的奥妙。此外，她还将这一片爱心，画到图画上，写到文字中。她爱人，也爱自然、爱山水、爱草木、爱动物，并自然产生一种身心健康、愉快的感受。

这种宽广的爱心，净化着我们的社会环境，提升着人们的精神素养。当下张扬这种爱心，有着特别重要的意义。

对孩子的爱要理智

汪洋认为，家长对待孩子，既要充满感情地去爱，更要理智地思考这种爱的质量。每一位家长都有“望子成龙”“望女成凤”的美好期盼，也都为此“八仙过海，各显神通”。但由于为表层的爱所左右，往往偏重情感而缺乏理智，使这种爱成了孩子成长的羁绊。心里思考着如何不惜代价地去实施至诚的父母之爱，实则悄无声息地阻碍着孩子的健康发展。家长既已为孩子订立了一个高远的发展目标，就要为此进行矢志不移的努力，即便有时对孩子严厉一些、苛刻一些，甚至让孩子受些苦难，也要坚决地做下去。只有这样，才是真正意义上的高质量的爱。

汪洋是这样思考的，也是这样做的。

1996 年盛夏，林曦随妈妈和电视台的同志一道到偏远的山村去从事慈善活动。早晨 6 点起程，但中午过后尚未到达目的地，年幼的林曦早已腹中空空、饥肠辘辘了。她非常希望妈妈给她一些吃的，可几次要求均被拒绝，尽管妈妈随身带有许多好吃的东西。同行的人于心不忍，请求汪洋高抬贵手，满足孩子这一要求。可是汪洋不为所动，温和而又坚决地对林曦说：“你必须坚持到目的地，与大家同时进餐。大家都没有吃东西，也都饿了，你没有权利先吃，你要好好体验一下挨饿的滋味，感受大人们忍受饥饿的心情，特别是体味那些还没有吃饱饭的人们的艰辛，进而去思考我们这次慈善活动的意义！”

电视台的同志看着不断落泪的林曦，眼眶也湿润了："林曦是个孩子，和我们大人不一样，万一饿出胃病来怎么办？"

"一顿两顿饭不吃，饿不成胃病！"汪洋的心里也在流泪，但理智告诉她，真正的爱不单单是让孩子吃饱，还要有长远的眼光，要给孩子精神食粮。这一次挨饿的经历，可以让林曦体会到许多人生的真味，可以提升其忍受艰难与关心他人的思想品质。

林曦了解妈妈的苦心，擦干泪水，一声不吭地坚持着。

每一个人的心里都很沉重，但每一个人也都在重新思索着爱的真正内涵。

下午 3 点多，方才到达目的地。看着林曦吃饭时狼吞虎咽的样子，汪洋的眼里溢出了许多泪水。这泪水里有圣洁的母爱，也有孩子的进步所带来的激动。

还有一次，是在一个严冬的深夜，汪洋照例去检查林曦的毛笔字，只见一些字少了以前的工整秀丽，显露出草草收兵的匆忙。她顺手将写有这些字的纸页拿起，径直走进林曦的卧室。只见一张稚气未脱的脸，在酣睡中露出甜美的笑容。房间里没有暖气，被窝之外一片冰冷。将女儿叫醒让她重新去写，于心不忍，于情不容，但理智的汪洋马上意识到："这一次的迁就，便有可能养成林曦终生潦草做事的习惯。林曦要对她自己负责，我也要对她负责。"于是严厉地将林曦叫醒。

林曦愕然了，一向温柔和蔼的妈妈，冷若冰霜地立在床前，指着几个歪斜的毛笔字，一边声色俱厉地批评，一边命令她立即起床重写。林曦极不情愿地从温暖的被窝里出来，泪水早已模糊了双眼。

多么冷酷的妈妈啊！不，简直是有些残忍！第二天重写不就行了吗？

"不行！"从妈妈严峻的神态中，林曦读出了这两个斩钉截铁的字。

书房里，林曦用冻红的小手握起毛笔，微微颤抖着，字又写歪了。

“重写!”坐在对面的妈妈严厉地命令道。

林曦泪如雨下，心也在打战，只好工工整整、一笔一画地将字重新写好。

在妈妈点头称赞的一刹那，林曦扔下毛笔，冲进卧室，泪水如泉涌般倾泻到枕巾上。

妈妈静静地坐着，泪水刷刷地流着。但是，她后来还是欣慰地笑了，理智告诉她，这一次对女儿近乎残酷的惩罚，对她一生的成长将起到良好的作用!

第二天起床后，林曦决定不再搭理妈妈。可偷瞄一眼妈妈，昨夜的冷酷无情已经荡然无存了，妈妈依然那样慈祥和蔼，说起话来幽默风趣，好像昨夜的事与她无关似的。

从那一天起，林曦不仅每一个字都写得认真工整，读书、写作、绘画、弹琴也都一丝不苟。而那一次的不愉快，也在妈妈无私的爱的沐浴中渐渐消融了。她开始反思自己，也进一步体会到了妈妈的一片爱心。如果没有妈妈时时刻刻的严格要求，自己就会放松自己，不能更快地进步。林曦开始感谢妈妈，那一天晚上一向深爱自己的妈妈，需要多大的勇气才能做出如此的决断啊!只有一位伟大与有远见的妈妈，才能够用理智战胜情感!

后来，林曦的文章、字画不断被人称赞，还出国举办了画展。这时林曦问妈妈：“您一向以‘善解人意’为座右铭，那您为什么对女儿如此狠心呢?”妈妈笑笑：“你还记着呢!如果我当时只是感情用事，怕你冻着，不理智地去做这件事，能有今天的你吗?”

林曦调皮地点点头：“我不但现在记住您的‘狠心’，我还会记您一辈子，因为您的‘狠心’使我受益终身!”

妈妈笑了，笑得那么开心、那么欣慰。

妈妈的教育思想是“润物细无声”地融进林曦的思想行为之中去的。时间一长，任务重些、艰难些，林曦也便视为自然了。而且不管学什么东西，干什么事情，她都可以学得很快，干得很好，达到一种理想的境界。

理智需要勇气，也需要眼光。

林曦读小学三年级时，汪洋便决定让她参加成人高等教育自学考试，走向自学成才之路。我采访林曦时，她已经通过了成人高等教育自学考试的 4 门课程，而且唱歌、弹琴、书法、绘画、写作都达到了很高的水平。但岂不知起初，没有认真理性的思索与超越常人的眼光，是不会有如此决定的。世俗的看法、外界的压力、前途的未卜，都向汪洋传递出一个信息：这是一次冒险！但她了解林曦的知识水平、学习能力、内在潜力，认为这样做更有利于林曦的发展。至于别人的看法，那是暂时的，事实将给人们一个最好的回答。

实践证明汪洋的决定是正确的，理智的选择结出了硕果。

与孩子共同健康成长

人们大都认为，在家庭中，家长是天经地义的教育者，孩子是理所当然的受教育者。家长有“望子成龙”“望女成凤”的强烈愿望，有权对孩子提出各种要求。但汪洋认为，孩子同样是教育者，家长也有受教育的义务，女儿不仅可以向妈妈提出合理的要求，也有“盼母成凤”的迫切心情。家长与孩子之间，应当平等和谐，形成一种互相关心、互相促进的朋友关系，家长应与孩子共同健康成长。

家长品质高尚，可以给孩子以正确的教育与良好的影响；而孩子的每一个进步，又都给家长送去惊喜与安慰。汪洋有着高尚的思想品质，而且有意将这一品质渗透于女儿的言行举止之中。经过长久的努力，汪洋的愿望已成为现实。而林曦许许多多美好的品质，也一次又一次地给妈妈以鼓舞。这种交互影响与彼此促进，使她们都在向着真善美行进的过程中感到莫大的幸福与欣慰。特别是她们的慈善事业，在和谐努力中结出了丰硕的果实。有时妈妈提出一个计划，林曦在全力支持之时又不断使其完善；而林曦提出一个设想时，妈妈也在颔首微笑中使之臻于完美。在活动中，母女二人共同努力，共同感受助人所带来的快乐。高尚的品质将她们紧密地联系在一起，共同的追求使她们更加相亲相爱。

母女行进的道路上有鲜花，也有荆棘，但顽强的精神、健康的心态，使她们笑着面对艰险。汪洋认为，女儿年龄虽小，却应当与妈妈共同承担起克服困难的义务与责任。那种担心孩子尚小而无法独自面对艰难的家长，看似爱护孩子，实则缺少培养孩子成才的战略眼光。其实，让孩子为家长分忧解难，可以使孩子感到家长对自己的特殊信赖与深爱，进而转化为与家长休戚与共的责任与行动，肩负起与家长共同抗争命运的重担，驶向胜利的彼岸。这是妈妈与林曦共同健康成长的重要一课。林曦很小便有了为妈妈排除困难的思考与行动，而且给了妈妈莫大的安慰与有力的支持，使妈妈感到女儿在长大，能力在提高。这种良好的心态与独具的能力，是一笔宝贵的精神财富，这对林曦心灵的塑造和人格的完善都起着很大的作用。在母女二人从困境中解脱出来，迎来胜利的时候，她们都会发自内心地感到激动与骄傲。看似柔弱的母女，竟有着惊人的勇气、坚韧的毅力和克服困难的能力！不仅林曦在锻炼中成长了起来，妈妈也变得更加坚强、更加成熟，对生活更加充满信心。

在《微妙音——曦曦的歌》中，林曦有一段她自己写的异常精彩的朗诵词：

远在天涯的我，不知几时才能回到妈妈的怀里，经历了沧桑，我的脚步是那样凄凉。听远方妈妈的呼唤多么的甜蜜。我一定回到妈妈的身边。妈妈的爱为我遮风挡雨，妈妈的爱是黑暗中的明灯，为我照亮了远方的航程。纵然岁月消逝，纵然千山万水，妈妈，亲爱的妈妈，我这只小小的帆船，一定停在你慈爱温暖的港湾。

这段朗诵词，没有一般孩子的天真烂漫，弥漫着经历沧桑之后的凝重与深邃，只有与苦难为伍并深感母爱的伟大之后，才能有如此如泣如诉的咏唱。这是对妈妈的依恋，同时也是在与妈妈共同奋斗中的深切感受。没有妈妈的爱，没有妈妈的支持，便会在黑暗中迷茫；而有了妈妈的爱，有了妈妈的支持，便有了明灯照亮的归航。母女相依为命而历经千辛万苦取得胜利，经林曦动情的诵唱，显得耐人寻味、意蕴悠长。

而将母女之情升华到一种至高境界，则起源于 1996 年林曦在巴黎举办画展的时候。当时正值国内一些地区遭受洪涝灾害，远在异国他乡的华侨们心急如焚，奔走呼号，主动捐款捐物，表现出空前的积极与热情。纵然万水千山，也阻隔不了海外游子对祖国母亲的思念与热爱之情。“母爱”的宏博伟大，以及游子盼归母亲怀抱的热切期盼，都写在一张张激动而真诚的海外华人的脸上，从而给林曦的心灵以巨大的冲击，使她重新深入思考“妈妈”这个平凡的字眼所蕴含的更深远的意义。所以，不管听林曦的朗诵词，还是听她的《游子吟》的歌唱，都会令人们在情溢于胸中的激荡中，重新审视“母爱”的深邃。

汪洋与林曦真挚的母女之情，使她们彼此的关照异于常人而又和谐融洽。林曦有时做得不好的时候，妈妈便及时地给她指出来，这时林曦总是高兴地说："妈妈，我马上改。"有时林曦也给妈妈提些意见，妈妈也满口答应，立即改正。母女二人在共同前进的路上，形成了一种民主的朋友关系。

有的家长生怕孩子玩的时间少了，陪着他们遛公园、逛商场，极尽其乐，却很少思考如何与孩子共同健康成长。这不能不说是目前家庭教育的一个悲剧。林曦认为，妈妈抽出时间，与自己谈谈心，交流交流思想，让她对妈妈倾诉自己的欢乐与苦恼，并得到妈妈的理解与支持，这比遛公园、逛商场的价值大得多。同时，林曦也有了聆听妈妈心事的机会，从中深深体验到母女之间的深厚情感，感到只有女儿才有这份权利去了解妈妈隐藏的秘密。这种倾诉心声的情感交流，紧紧扣住林曦的心弦，使她在精神上也与妈妈紧紧地联系在一起，而且倍加珍惜这份真挚美好的母女之情。于是，这种归属感使林曦更加重视与珍爱家庭生活。

母女二人都特别热爱读书。妈妈读到一本好书，总是推荐给林曦，于是林曦便如饥似渴地读起来。而林曦读到自己特别喜欢的书，又觉得适合妈妈阅读，也会建议妈妈去读。然后母女二人一块儿谈论读书的体会，交流彼此的看法。

林曦对妈妈说："冰心老人说生命从 80 岁开始。妈妈刚刚 40 岁，我说妈妈的生命从 40 岁开始，还可以学好多好多的东西。"妈妈听后非常高兴，连声称是。于是林曦给妈妈拟订了一个学习计划：每天半小时弹古琴，半小时学英语，半小时练书画。她还鼓励妈妈说："你现在练习画画，画白菜，画萝卜，坚持 10 年，说不定可以成为大画家，到那时可以同我一道去办画展。"

妈妈非常高兴，要与孩子共同健康成长，就要按女儿的要求踏踏实实地去做。对妈妈的学习，林曦要求格外严格。见妈妈练书法，认为好的，就画一个圈，以示鼓励。她说，做好做不好是一回事，态度端正不端正是另一回事。林曦感到妈妈与自己有了共同的爱好，在共同前进，不仅由衷地感到高兴，自己也越来越努力了。

有时妈妈感到力不从心，恳请女儿高抬贵手。比如，妈妈以前学过日语，英语发音总带有日语味，而且记不住单词。一天，妈妈说："我差不多就行了。"林曦立刻严肃起来，斩钉截铁地说："不行！我来教你。"妈妈不由得哈哈大笑起来，只好跟着她学音标、背单词、读课文，这令林曦欣慰不已。

现在，妈妈各方面都已大有长进，林曦满意地说："您是盼女成凤，我是盼妈妈成凤啊！愿咱们俩一块儿成凤吧！"

妈妈与林曦在共同健康成长的过程中，感情更加深厚，取得的进步也越来越大。

与孩子共同健康成长是对传统的家庭教育观念的一个冲击，对家长提出了更高的要求，对孩子的成才要求赋予了新的内涵。希望每一位家长在思考这一问题的时候，能有实实在在的行动。

孩子生命成长启示录

汪洋的教女成才之路，使她积累了丰富的教育经验，也给我们留下了许多思考与启示。

其一，家长要为孩子的发展订立一个长远的目标。为了达到这样一个目标，对孩子既要严格要求、理智对待，又要与孩子平等和谐相处，从而形成有益于孩子身心发展的家庭教育氛围。

其二，家长要特别重视被"隐藏"起来的儿童的创造力。每个儿童天生就是一个无与伦比的创造性的实验室，他们具有不受任何限制的想象力，具有无穷的不可遏止的发展趋势。实际上，孩子的潜能比我们想象的大得多，而我们的家长忽视了这种潜能的存在，甚至在无意之中将它扼杀了。所以，认识与评估这种潜能，不遗余力地给孩子尽情驰骋想象创造宽广的空间，从而使其具备一种突飞猛进的发展态势，是引导孩子走向成才之路的关键。

其三，家长要加强对孩子综合素质的培养。林曦不仅品德高尚，而且诗、书、画、乐样样精通，展现出特有的思想风貌与文化品位。其实，每一个体素质都是彼此联系、互相促进的。所以，家长要用新的观念审视家庭教育，充分发展孩子的个性特征，有效地提高孩子的综合素质。

其四，家长要珍爱孩子既有的天性之美。自然纯洁是孩子的天性，能够永葆童真之美，不仅对塑造孩子美好的心灵大有裨益，还可以促进其智力的发展。少年老成在扼杀天性之时，也泯灭了内在的智慧。在返璞归真这一哲学命题里，有着“复归于婴孩”的奥妙。惟其如此，方可进入心灵美妙的创造状态。

天然去雕饰

——走向世界的东方女孩林曦

1997年夏天，在“绿荫”夏令营活动中，从福建赶至山东的十几个孤儿，以及他们的“妈妈”，第一次向我提起林曦这个名字。而且每每谈起，他们都是怀着敬仰之情。于是，13岁的林曦，便在我的脑海里挥之不去了。她美丽而活泼，善良而纯净，博览群书，文采飞扬，而且能用清纯自然的嗓音，唱出一首首滋润心田的歌曲；能铺纸握笔，画出一幅幅形神俱佳的画作。

林曦是个谜。为了林曦，我曾一次又一次地梦游重庆。

1998年春天，夙愿成为现实。我赶到重庆，第一次与林曦相见。

我简直惊呆了。这么一个美丽清纯的女孩！两条长长的辫子，乌黑中透出光泽。鲜亮红润的脸上，有一个隆起的鼻子与轮廓分明的嘴巴，使得天真活泼与美不胜言和谐为一。一双清澈透明的眼睛，是那么黑、那么大、那么亮，每一次转动，都恍若传递出一种语言与心声，从而与你的心灵相碰撞。一口纯正、流利的普通话，自然、柔美、和谐，与其不凡的气质相得益彰。

东方女孩的美质，从林曦身上淋漓尽致地展现出来！

三天的深入采访，使我更加感受到了林曦那种超越形象之美的内在素质。对于这位具有思想修养与文化内涵的女孩，我感到有必要将她推荐给更多的读者，让她的美质在更多的人心中流淌。

茶禅：既有饮茶的浓厚兴趣，更有茶禅的深入思考

在林曦家做客，品她亲手泡的香茶，听她侃侃而谈茶禅的要义与妙趣，那简直是一种精神的升华与审美的享受。

在舒缓优美的音乐声中，林曦沐手净面，来到茶几前面，双膝轻轻跪在地毯上，次第摆好各色高雅别致的茶具，有序地烧水、煮茶、品茶，整个过程宛若一支低吟浅唱的古典乐曲，悄然走进你的心扉。

闻香杯在鼻前转动几下，清香缭绕回旋，余韵沁入心田；而一杯清茶入肚，五脏六腑顿感空前的舒畅。

喝过几十年茶的我，第一次感受到茶还有如此的奇妙与美好。

人说日本茶道盛行，誉满全球；林曦认为，只是"一枝红杏出墙来，东临风光添春色"。因为日本茶道是从中国传过去的，是中国茶道的一个分支，并有了自己的发展。中国茶道博大精深，融合了儒、释、道三家的精华，是这"一枝红杏"的树根和树干。日本茶道更重礼仪，中国茶道作为一种精神与文化的体现，启迪人们心灵深处的真正本性，使其超越一切有形的存在，进入一种空灵恬静的境界。

林曦认为，茶文化作为介于物质与精神之间的文化，具有一种恒久的特质。人生得意时喝茶，可以抚平已有的傲气，渐生朴实平淡的谦恭；失意时喝茶，可以转混沌为清醒，化自卑为自信，从荆棘丛生中开辟出一条新路，鼓起勇气去追求另一个目标。

没想到中国茶道竟有着如此丰富的内涵。

林曦说，当今人们对茶道的研究还远远不够，爱好者往往注重茶壶、茶杯、茶匙、茶夹子、茶铲子等形式方面的东西。

固然，好的茶具可以引领我们进入一种状态，但过分注重形式，往往使人们忽略了其间的丰厚内蕴。

林曦说，喝茶谈茶，是一种高品位的文化活动。而升华到茶禅的高度，就有了审美的愉悦与心灵的净化。

林曦说着，顺手将刚刚完成的一幅画卷展开，只见朦胧夜色中，一钩弯月悬挂于天穹，几个小和尚在斑驳的树下品茶谈经，怡然自得。

“好一个静谧美妙的境界！”我不由得脱口赞道。

林曦轻轻地将画卷收起，继续她的茶禅之说——

“喝茶实际上是一种‘生活禅’。只要我们在日常生活中保持一颗明净清澈的心，不为外界的琐事所困扰，不为内心的烦恼妄念所迷惑，有一种平和无争的心境，这便是‘禅’了。”

禅便是如此地贴近我们的生活。

林曦认为，用这种平和的心态去对待我们身边的平常事物，有时竟会发现无处不充满着美好与生机。我们别无他念地听冰雪融化之后小溪流水的声音，那似乎便是“禅”的声音；我们心情愉悦地看河边青翠的杨柳、黄色的小花，那好像就是“禅”的颜色。自然与心境融合在一起时，渐渐会升华成一种难以言喻的美。而三五知己好友，在闲适恬静的氛围里，自然惬意地品茶，舒展自由地谈论，在喧嚣的闹市中，体会那种内心的平静，真正使自己的身心放松，便是茶禅。

林曦又给我倒上一杯新茶，清香顷刻扑面而来，细品慢呷，更感清香之中透出淡淡的雅趣，恍然茶水即我心，我心似茶水，美哉悠哉，恍哉惚哉。此时林曦对我说：“陶叔叔，明天您就要离开重庆了，我给您弹一首送别的曲子吧！”

她走到古琴前，弹起一首古曲《阳关三叠》，曲调真挚坦诚，又有旷达宁静的意境。这时心里恬淡平静的幽雅，与远离尘嚣的轻松，将我推至物我两忘的境地。

又一杯清澈透亮的香茶送至我的面前。

“陶叔叔，”林曦指指茶水说，“这茶水这样清纯，说明泡茶人有一个祥和愉快的心境；心情抑郁或暴躁发怒时，泡出的茶水也是混浊的。”

我还是第一次听到这种论点，但看着她满脸的真诚，想想她对茶禅的思考与研究，我发自内心地给予了肯定。

她满意地笑着，又侃侃而谈起来——

被称作“亚茶圣”的卢仝，曾写过一首关于品茶的《玉川茶歌》，诗中有这么几句：“一碗喉吻润；二碗破孤闷；三碗收枯肠，惟有文字五千卷；四碗发清汗，平生不平事，尽向毛孔散；五碗肌骨轻；六碗通仙灵；七碗吃不得，惟觉两袖习习清风生。”

林曦背诵这些诗句的时候，宛若怡然自得的吟唱。

我请林曦阐释一下这些诗句的意思。她为我倒了一杯茶，又谈笑风生地讲起来。

“一碗喉吻润”，就是解渴，是身体上的一种感觉。“二碗破孤闷”，便对心理产生了作用，尽扫心中不快。“三碗收枯肠，惟有文字五千卷”，可谓气势恢宏，“诗仙”李白才“斗酒诗百篇”，他却“惟有文字五千卷”，不仅进入了空前良好的状态，而且将酣畅淋漓的愉快心态与磅礴大气显露出来。“四碗发清汗，平生不平事，尽向毛孔散”，这时原有的疲劳烦闷早已烟消云散，周身轻松愉悦，心中宛然一片净土，处在这样一种心态中喝茶，更显出饮茶者的旷达心境。“五碗肌骨轻”，是说身体外在的舒畅已经沁入肌骨，达到了直指本心的境界。“六碗通仙灵”，已经临近仙境，有了异于常人的感受。“七碗吃不得，惟觉两袖习习清风生”，则更令人遐想万千，“吃不得”是一种夸张，与“惟觉两袖习习清风生”相映照，飘飘欲仙，两袖挥动于清风之间，彻彻底底地进入了一种空灵神妙的境界。

林曦讲得声情并茂。我在饮过七杯之后，不觉也有些“吃不得”的飘飘欲仙了，此时此境再品味林曦给我讲的从喝茶中品到禅的要义，从参禅中寻得茶的有味无味，以及直指本心的淳朴自然，便有了“心有灵犀一点通”的感觉。

夜色渐渐走进屋里，林曦调皮地一笑，拉着我走到“更上一层楼”的房顶。

我简直惊呆了！重庆的楼顶竟可充分展示田园风光之美！

富有诗意的月光下，有瓜果蔬菜、攀藤虫鸣、红花绿叶、蜿蜒小径、一池清水、几多小鱼，加之小狗蹦跳穿梭往来的嬉闹，使你误以为融入了山林田园的夜色之中。而一盘石桌、几张石凳，早已有烛光闪亮、清茶飘香。

这是林曦和家人独创的作品！她们把房顶利用起来，开辟了一片很有特色的花园与菜园。

白日有田园劳作的汗水挥洒，夜间有石几上相视而坐的母女对话。

在这里品一杯香茶，真是别有滋味在心头。

林曦继续给我谈茶禅，论儒、释、道兼济的苏轼，叙说乾隆皇帝的“君不可一日无茶”的妙趣，描绘宋代“斗茶”的有趣场面……真可谓海阔天空、奥妙无穷。特别是其中的许多诗词妙语，从林曦口中顺畅地说出，使你惊讶于她知识的渊博。

茶文化，真是源远流长、博大精深；而林曦，作为中国茶禅学会年龄最小的会员，为茶禅这一优秀的传统文化增添了一道亮丽的风景。

绘画：既重外在形态的勾勒，更重内在精神的展示

林曦作画，因有重庆国画院画家周顺恺先生的指导，又因

自身具有特殊灵气，加之锲而不舍的精神，其艺术水平提升飞速。她的画立意新颖，旨趣高远，勾笔巧妙细腻，色彩浓淡相宜。大家对其画作赞不绝口，其作品影响日远。于是愿为林曦举办个人画展的中外热心人士，纷纷向林曦招手致意。

1996 年 8 月，林曦应邀前往法国南部梅村的康姆内茨特，参加禅修并举办个人画展。这里云集了来自 25 个国家的禅学爱好者，其中不乏禅学研究专家，林曦作为中国的唯一代表，与来自世界各地的学识渊博的专家学者探讨平凡而有意义的“生活禅”。林曦所办画展尽管没有外文翻译资料，兼有语言不通的阻碍，但依然观者众多，赞语不绝。因为他们从中感受到了林曦那颗跳跃着童真而善良的心，领略到了那种超越国界的共通的艺术之美。

离开梅村路经巴黎时，欧洲时报社与法国潮州会馆又为林曦举办了一次个人画展，而且将展览地点设在了巴黎市十三区内。这使林曦感到荣幸，因为中国画家在法国举办画展很不容易，西方人对林曦的国画给予了特殊的厚爱，认为其具有东方禅画特有的艺术魅力。《欧洲时报》专门载文予以宣传，评价颇高。欧洲佛学联合会主席威狄尼·康杜拉玛从阿尔卑斯山绕道而来，为林曦献上哈达，并参加了画展的开幕式。法国的一些汉学研究专家也专程赶来，意欲一睹 12 岁的小女孩林曦用画笔所表现的中国文化。观览的人用不同的语言对画展表达了不同形式的欣赏与赞叹。不少名人纷纷为画展题词，给予了很高的评价。巴黎市十三区副区长安德里厄也闻讯赶来，惊讶不已地观看了林曦的画展，兴致顿来，挥笔题词：“你的画是天上的画，是来自宇宙的画，不是人间的画。”这位副区长对林曦所画的一对猫喜爱有加，猫的前面还画有木鱼与佛经，并附有林曦的亲笔题字：“大地众生，皆有佛性。”这幅画确实有其独到之处，既有画的意境，也有禅的境界，既有画家的主观精神，又有禅宗的“无我之境”，佛性就体现在一对猫、一个木鱼、一本佛经上。这对爱好禅学的人来说，便充满了一种信赖感、亲切感和愉悦感。所以，看了这幅画后，这位副区长十分激动，以1.9米多高的魁梧身躯，向小林曦深深地鞠了一个躬，真诚地道一声“谢谢你，小林曦”，并要求与林曦合影留念，将这一美好的瞬间化作可以追溯的永恒。这时，在场的华人高兴得欢呼起来，一种伟大的民族自豪感旋即在他们的心里升腾起来。没想到一个十多岁的女孩，好像突自天降，给他们带来了自信，增添了光彩。画展期间，一些报刊刊登了林曦的画作，并做了文字说明与宣传，有的画作还被选作封面，给读者留下了回味无穷的美感。而《欧洲时报》则配上六幅照片，专版刊登了林曦画展的实况，其中一段报道对林曦的临场表现给予了较高的评价：“虽然她今年只有12岁，但很有悟性。面对观众、嘉宾的提问，她镇定从容，对答如流。即席挥毫，10分钟即完成一幅作品。她笔下的小沙弥，手执扫帚，十分可爱。她向观众解释这幅题为《除尘》的画时说，所谓除尘，并不是单指除去地面的尘土，而是要扫除心中的杂念。此外，对她当日展出的许多作品，她也都一一指出在简单画面中所蕴含的深刻的哲理，（她的表现）受到观众的赞扬。”

1997年，林曦在法国的第二次画展因事未能成行，但林曦的东方禅画与中国优秀的传统文化在法国传播着。法国人喜欢林曦，法国的中国华侨更喜欢林曦，林曦与中国文化以后还将不止一次地走进法国，走进世界其他各国。因为林曦和传统文化是属于中国的，也是属于世界的。

林曦之所以将自己的艺术追求定位在东方禅画上，是因为她对禅学这一传统文化充满热爱，是因为她具有一颗淡泊名利、宠辱不惊的平常心。她追求的是一种平和的心境和美好的人生。而以这种思想为指导的禅画，大可以给经年累月奔波忙碌、心力交瘁的人们一个最好的安顿心灵的处所与栖息精神的家园。

林曦绘画特别注重对人物神韵的展示。外在形态只是一种形式，它固然需要审美观照与艺术把握，但如果没有心灵与精神的展示，必然会黯然失色。林曦所画的人物个个在栩栩如生中透射出灵性，给观者以审美的感受与心灵的涤荡，令人们心驰神往、叹为观止。当然，达到这样一种境界并非一日之功，这与林曦整体的艺术素养有关，也与林曦对所画的人物的情感与心灵的把握难以分开。她从未见过歌星邓丽君，但可以通过电视画面把握邓丽君的精神世界，尤其是可以通过歌声感悟到艺术家心灵的跳跃。林曦曾反复地欣赏邓丽君的磁带专辑，每一次都可以被带入一个特定的审美意境之中。随着曼妙的歌声，邓丽君仿佛正款款走来。她向林曦展示美好的形象，更向林曦展露丰富的内心。于是林曦开始画邓丽君，画她的服饰，画她的形体，画她的眼睛，而将她的心灵与精神，又无处不在地描画于这些物象之中。渐渐地，一个活了的邓丽君出现在林曦的画卷上。当林曦将这幅画寄至邓丽君母亲面前时，老人家竟惊讶得半天回不过神来。芳年早逝的女儿仿佛突然归来，令老人家悲喜交加，感动不已。

1996 年 5 月 7 日的《民生报》上，不仅刊登了林曦所画的邓丽君画像，还登载了记者陈嘉倩的专访文章《邓丽君常常在梦中与我相会》。邓丽君的母亲深有感触地说："最近我接到大陆寄来的一幅邓丽君画像，经过 4 个月才辗转从四川重庆寄达台湾。画这幅画的小朋友才 12 岁，自称小林曦的她在附上的信中写道：'只有兰花，才称得上王者之香，愿丽君阿姨像兰花那样典雅高贵。'这幅画颇得邓丽君的神韵……"此后，老人家又将这幅画送到台湾金山文物馆予以收藏。

能充分展示人物的心灵与精神，使林曦的画具有了更高的审美价值。不同文化品位的人欣赏她的画作，都可以在得到不同的审美感受的同时，感受到人物感情的跃动、精神的风采，以及林曦将自己的审美追求与情感理想熔铸其中的心灵颤动。

写作：既有清纯自然的文学作品，又有意丰理深的学术论文

真可谓“读书破万卷，下笔如有神”，林曦饱览诗书，写作也驾轻就熟，其思路之开阔、文笔之鲜活，令读者常生心旷神怡之美感。她既写散文，也写小说、诗歌与学术论文，即便是写的书信与日记，也都有精妙之处。她已经走上了一条多元的写作之路。

林曦的诗歌，文质兼美，尤其是一些写景诗，融进了思想与情感。不过这种情感不是惊涛拍岸似的激越跌宕，而是释然安逸的平静心态的含蓄外化。如小诗《星夜吟》：

星月如流水/夜空长恨别/月华我心照/风清水静然

星月如水，风清水静，与作者恬淡自然的心境合而为一。而这种独特的情调，又透露出一点禅诗的韵味，给人以“我即自然”的审美感受。诸如《为小鸡题》等，更是禅味无穷。在林曦的笔下，小鸡与人一样，同样具有佛性，同样具有感情。而《太平岩》则将高树落叶、石头鸣蝉、笑语声声和高山流水等柔美地放在同一个时空下，营造出清静无为、心悦意趣、超越尘俗的审美意象。

长达10万多字的小说《西西姐姐与小狗蹦蹦》，以小狗蹦蹦为主角，用它与西西对话的形式，将外国文学，特别是中国优秀的传统文化展示给读者，其间还有不少林曦对社会问题的

思考与疑问，这些共同构成了一个丰富多彩的知识框架。但它又不是对知识的简单介绍，而是将知识融入情趣盎然的情节推移与细腻生动的语言描述之中，浑然天成，童趣横溢而又韵味无穷。同时，传统美德的亮点也在书中时时闪现，给读者以潜移默化的教育。而对有悖于传统美德的思想与行为，不是进行无情的批判与辛辣的嘲讽，而是进行隐喻性的温和的批评，令读者在回味反思中，反省自己的行为，改正自己的错误，皈依传统美德的真善之门。从这一特殊的审美视角与构文形式中，足可窥见林曦的良苦用心与文学创作水平。林曦还希望把这篇小说改编成剧本，让更多的人走进这个情趣盎然的世界里。

林曦的日记内容丰实，奇妙无穷。走进这个世界，既有豁然开朗之感，又具别有洞天之妙。其文或长或短，或深奥或简约，都是流溢于心间之作，都是对真实生活的反映。其主要内容有如下三个方面。

其一，叙写自己的日常生活及感受。看似平凡小事与点滴感怀，却于真实中透射出美好。如自己如何孝敬父母，以及如何帮助别人和向他人学习，甚至打扫卫生时，偶有疏忽而小犯错误等等，都一一记录在案。所写不做铺张渲染，而是真实记录，并且在记事之后多有哲理性的思索，给人以深刻的启示，其间折射出了林曦美好的品格以及参悟人生世事的深邃思想。

其二，记录与师公、爷爷、奶奶、叔叔、阿姨等一些大朋友的友好交往。其间不乏赵朴初、国画宗师徐悲鸿先生的夫人廖静文、妙湛法师等声名显赫的人物，诸如我辈芸芸众生者，更是俯拾即是。这里展现的是一幅宏大的社会画卷，抒写的是友谊真情的美好赞歌，从而烛照出林曦高尚的人格与高层次的文化品位。

其三，读书笔记。林曦博览群书，每有所感，便记录在日记之中。这里抒写的是与哲人对话的奥妙、同诗人共吟的奇思，以及在艺术王国里遨游的愉悦。睿智与天真同在，理性思维与驰骋想象并存。其观点之新颖、思路之开阔、认识之深刻、描写之形象、文笔之细腻，常令颇有学识的专家学者击节称妙。

此外，每篇日记之后，都附有一幅图画，作为日记内容的形象注脚或意蕴延伸。虽简笔勾勒，却在形神毕现中透出灵气，与优美的文字相映成趣，各尽其妙。

林曦的一些散文，从表面上看没有感情的大起大落，但浓郁的情思似涓涓细流叩击着读者的心灵堤岸，令人们在获得一份美在心田的感受之时，又收获一份真诚与友善。

反映林曦这一特色的代表作，便是长达5000多字的《在这葡萄熟了的季节……》。她以熟了的葡萄作为构思行文的外在线索，将对师公深深的怀念之情不露痕迹地流泻于微妙舒缓的叙说之中。看似平淡无奇的语言表层下，流淌的是细腻而又深邃的感情美质。其中的细节描写，生动鲜活，韵味无穷。特别是为师公剥葡萄皮一节，更是惟妙惟肖，栩栩如生。林曦的天真烂漫以及对师公的敬爱之情，都活灵活现地展示在读者面前。彼时彼地，一老一小，不知不觉地携手踏进无邪而又空灵的孩童世界。联系他们平素为世人所做的种种善事，与这超越尘俗的童真之美有着何等异曲同工之妙！体味与思考他们的行为与精神，可以促发人们抖落心灵的积垢与伪装，重获一份纯洁与真诚，完成人格与精神的重新塑造。

5000多字的《人与自然最亲近的地方》，以洒脱飘逸的笔触，抒写林曦西藏之行的所见所感。美不胜收的自然景色中透射出原始自然的天然之美，林曦心理的愉悦与自然形态的清纯天衣无缝地融合为一体，令你无论如何展开想象都难以勾画这一远离尘嚣的一方净土的自然原色之美与空灵之妙。而西藏丰富的人文景观，在林曦凝重的笔触下，凝聚了更多的思想要义与文化内涵，让读者感悟到汉藏两族人民友谊的源远流长与美好珍贵，体味到"中国文化的血液在这里流淌"的激越与伟大。

林曦的其他散文，都在美好心灵与恬淡心情的高度和谐中，勾画亮丽的风景，书写多彩的人生，昭示出一种独特的思索与生活的哲理，给人以向善向美的思想启迪与审美感受。

与散文形成鲜明对比的是，林曦的学术论文体现出的是一种学者的风范。在这里，天真烂漫不见了，纵横捭阖、谈古论今的思辨闪烁出智者的光辉。洋洋八千言的《略论石头希迁禅师〈心药方〉在现实生活中的积极意义》一文，有对石头希迁生平成就简明扼要的概述，也有对《心药方》的内容与特点言简意丰的诠释；有对《心药方》的配方、配药方法及其功效一语中的的解说，也有关于《心药方》与禅的关系左右逢源的论述。特别是独辟蹊径地从《心药方》在日常生活中的积极意义入手，从个人生活与世界和平两个层面谈起，给人以别有洞天的惊喜与启示良多的教益。其中既有恰如其分的事例剖析，也有条分缕析的理性推理；既有对家庭与社会教育等诸多问题的深入探索，又有对世界和平与精神文明建设的透视聚焦。这本不是一个孩子可以达到的境界，但 12 岁的林曦脱颖而出，语惊四座，而且在 1996 年 7 月于长沙召开的"石头希迁与曹洞禅学术研讨会"上，引起了全国专家学者的普遍关注。在会上，林曦不仅宣讲了这篇颇富新意的学术论文，还背诵了石头希迁的《参同契》，令在座的专家学者激动得热泪盈眶，为之久久地鼓掌。武汉大学的萧教授激情满怀，即兴为林曦赋诗一首："林曦熟诵《参同契》，颗颗摩尼落玉盘。寄语草庵休怅望，童心最契石头禅。"其他专家学者也以不同的形式给予林曦热切的关注与极高的评价。这篇论文后正式出版，并引起强烈反响，林曦也因此成了中国社科院宗教学会年龄最小的一位会员。

“冰冻三尺，非一日之寒。”林曦之所以能够写出清纯自然的文学作品与意丰理深的学术论文，与其对中国传统文化的热爱与研究，以及持之以恒的拼搏精神是分不开的。

对中国传统文化，林曦可谓情有独钟。她认为，传统文化不仅具有丰富的知识内涵，而且对如何做人起着领航导引的作用。这一光彩夺目的文化宝藏，取之不尽，用之不竭，即便穷尽毕生精力，也只能撮其浩瀚知识海洋的点滴，通其奥妙深义的一二。所以，林曦在一望无垠的中国传统文化的海洋里，不知疲倦而又兴致盎然地采撷着知识与智慧的奇葩。

林曦刚刚 9 岁的时候，喜获朋友赠送的一套《红楼梦》连环画。她先是惊讶于那画面的美妙，栩栩如生，形神毕现，令人爱不释手、心驰神往；后又痴迷于其中的文字内容，感到美不胜言，有一种乐而忘返的审美愉悦。她决定一睹《红楼梦》原文的风采，认为那将是一个更加精彩的世界。当她如愿以偿时，她激动不已。书中细腻鲜活的语言描述、个性鲜明的人物形象、曲折生动的故事情节、内蕴幽远的审美意趣，令林曦产生了欲穷其奥妙的想法。她看完第一遍，立刻又看第二遍，看完第二遍，旋即又看第三遍，如此反复，一口气看了十一遍；而且，她还为“金陵十二钗”逐一配上了诗画。直到现在，她还不时翻阅其精彩章节，玩读欣赏不已。

林曦读《道德经》，也是愈读愈见妙趣，愈得要旨，其中的“和其光，同其尘”等妙语警句，对她做人做事有很大影响。她认为，宇宙浩瀚无边，人是何等渺小，所以永远没有骄傲的资本。在香港时，南怀瑾爷爷告诉林曦，在《易经》的六十四卦中，谦卦最为吉祥。所以，在林曦小小的心灵中，谦虚便占据了一个极其重要的位置。她认为，谦虚是中国传统美德之一，是一个人的立身之本。

在对传统文化的学习中，林曦对禅宗文化的学习倾注了更大的精力。林曦的外婆与妈妈都喜好佛学，耳濡目染，林曦也与她们拥有了共同的爱好。四五岁时，林曦就开始翻阅线装佛教书，并能大段大段地背诵。她认为，佛学，特别是禅学，是一门极其渊博的学问，奥妙无穷。

林曦学习禅学，既学其知识，更悟其玄妙的道理，尤其注重与实际相结合。她之所以五六年来坚持将不少精力与财力投入希望工程，并立志要做一位慈善家，就是在妈妈的引导下，从佛教的精神中汲取了有益的营养，从而形成了自己的理想追求。所以，她撰写的佛教方面的论文，都是反映现实生活的命题。《略论石头希迁禅师〈心药方〉在现实生活中的积极意义》便是最好的注脚。

林曦研究中国传统文化，既博采众长，更注重吸收其精华，剔除其糟粕。她认为，这笔伟大的精神财富，是先人给我们留下来的永远光芒四射与价值连城的瑰宝，我们要珍惜它、继承它、发扬它，并且很好地利用它，让它为当代人服务。

从 11 岁开始，林曦便参加成人高等教育自学考试，她不是就考试的科目而作单一的努力，而是在中国传统文化的大背景下去学习，执着追索，广博吸纳。林曦十分珍惜时间，她用 30％的时间画画，用 30％的时间学习中国传统文化，用 30％的时间进行文学创作，用 10％的时间安排其他事务。她早晨 6 点起，晚上 11 点睡，每天雷打不动。所以，她所学知识之丰富、成就之斐然，非一般孩子可比。

当然，林曦也需要老师的指导，不过她的老师都是为她而教的特殊的老师。她认为，一个人要想成就一番事业，对社会做出一定的贡献，就必须德才兼备。而高品位的老师的教育与指导，则起着举足轻重的作用。因此她遴选老师，慎之又慎，格外挑剔。纵观古今中外的大学问家，大都具有高尚的人格。试图在学识上攀登高峰，没有完善的人格，无异于天方夜谭。

遗憾的是，目前学问家并不多见，再苛求人品的高尚，真是难乎其难。所以林曦每每几经周折而选中一位老师时，都会有“蓦然回首”的巨大惊喜。林曦选中的英语、写作、古代汉语、现代汉语、逻辑老师，个个具有高尚的品德与丰富的学识。这些具有高级职称的老师，对林曦特别喜爱，不仅全力教给她知识，也将自身美好的情操展示出来，给林曦带来潜移默化的影响。而林曦在人格上的完善与学习上的拼搏精神，反过来又给老师以信心和启示。特殊的学生与特殊的老师在教学相长的过程中，品格的培养也步入一种美好的境地。

有名师指导，博闻强识而又不懈努力，使林曦的知识与智慧达到了一个高层境界。其写作旨趣的高远、文笔的流畅，也便呈水到渠成之势了。

唱歌：清纯自然的嗓音，丰富深远的内涵

1997 年圣诞节，重庆至北京的飞机上。

一位恬淡清纯的女孩，透过洁净的机窗，俯瞰绚丽的朵朵白云，轻轻地吟唱起舒缓自然的乐曲。

她便是林曦，那天正值她 13 岁生日。

林曦此次北京之行，是去开启她多彩生活的另一扇窗——为中国唱片总公司录制个人演唱专辑。

林曦的演唱无师自通，她那清纯自然的嗓音、深厚的文化底蕴，赢得了中国唱片总公司的青睐，决定为林曦录制《微妙音——曦曦的歌》。为一个十多岁的孩子录制个人演唱专辑，这对中国唱片总公司来说，还是第一次。

林曦开始为录制个人演唱专辑做准备。

林曦认为，唱歌自然需要一副亮丽的嗓子，但是更需要思想修养与文化内涵，所以，她用清纯自然的嗓音与深厚充实的文化底蕴来弘扬中国优秀的传统文化。

基于这种思考，林曦首先在歌目上作了精心的遴选，共有赵朴初的《吃茶去》、南怀瑾的《聚散》、王建的《童趣》、孟郊的《游子吟》、六祖惠能的《菩提》、慧道人的《母子情》，以及《我像只大鸟在天上飞》等11首歌曲。高品位的文化内涵，充满爱心的主题，南怀瑾先生为之亲笔题名的“微妙音”，林曦的自画像、自书歌词、自画插图装点彩封内外，将中国传统文化的诗、书、画、乐天衣无缝地融为一体。

为了使听众对这些歌词的内容有深入的把握，林曦又为一些歌词写了朗诵词，在涓涓深情与生动抒写之中，流泻着童真童趣与美好的希望，更提高了这些歌曲的文化品位，从而给人以美好的享受、文化的熏陶、思想的启迪。

南怀瑾先生的《聚散》，看似平铺直叙，实则韵味无穷：

桌面团团/人也团圆/也无聚散也无常/若心常相印/何处不周旋/但愿此情长久/哪里分地北天南

林曦在唱这首歌之前，又用真情与童心朗诵了自写的朗诵词：

人生最宝贵的是真挚的友谊/人生最难得的是拥有知己/时光像流水一样匆匆离去/虽然朋友们各自远在天涯/但大家的心却近在咫尺

真挚的友情，在林曦的演唱与朗诵下，更有了丰富的内涵。难以相聚的知己，身处此情此景，定会洒一掬热泪，为拥有美好的友谊而激动。

林曦含泪咏唱的《母子情》，有着震撼人心的艺术感染力：

畜生亦有母子情/犬知护儿牛舐犊/鸡为守雏身不离/鳝因爱子常惴缩/人贪滋味美口腹/何苦拆散他眷属/畜生哀痛尽如人/只差有泪不能哭

而此前的朗诵词，更是情深意长，令人回味无穷——

在我们身边，有许许多多的小生命被残杀。本来，它们也可以和我们一样安居乐业地生活，它们也有爸爸妈妈、爷爷奶奶，但是，人们为了饱自己的口福，却让它们的家庭骨肉分离。如果我们的妈妈看见自己的孩子被杀害，血淋淋地拿去烹煮，心里会是多么悲痛欲绝……人们不是常说，人是最有情的吗？小动物们也和我们是一般皮肉、一般心肠，它们也渴望生存下去，它们也有母子亲情。鸡妈妈为了守护雏子，不会离开半步。鳝鱼妈妈被人放入锅中蒸煮时，即便在它生命的最后一刹那间，它仍会忍着剧痛，奋力地把腰躬起来，让头和尾先煮。这是为什么？因为腹中有它的骨肉，它的小宝宝。小动物们的悲痛哀伤，和我们失去亲人时是毫无差别的，只是因为它们有泪不能哭出来。所以，我们要爱护生命，保护动物，让小动物也和我们一样，幸福地和爸爸妈妈生活在一起。

这是《微妙音——曦曦的歌》中最长的一段朗诵词，其间贮满了林曦的一片爱心和无限感慨。热爱生命的深远主题，经由林曦如泣如诉的诵说，字字声声叩击着人们的心弦。林曦平素对生命的热爱，以及目睹残害小生灵的现象而在心底涌起的巨大悲愤，曾通过她的文字与行动，展示了那份幼小而又博大的爱心。今天，她又用朗诵与歌声来抒发内蕴的真情，将对小生命的珍爱用艺术的形式感动世人。尤其可贵的是，林曦不仅围绕主旨简笔勾勒了感人至深的事例，而且深入浅出地说明了爱护生命的道理，在讴歌动物母爱精神的时候，巧妙地鞭挞了人类爱心缺失的可悲。尽管没有大声疾呼的怒吼与召唤，但在情理交融的朗诵中，推展着听众爱护小生命的思考与行动。著名演员葛优满怀真诚地对林曦说："以后我再也不吃活东西了，再也不吃了！"

以爱自然、爱生命为主题并提醒人们拥有健康心态的歌曲，经林曦的演唱，充满了活力与生气，给听众带来了积极向上的精神启迪与情感陶冶，令人们在回味无穷中多了一份祥和。

到京的第二天，林曦便匆匆忙忙赶到中国唱片总公司，进入紧张的录制工作中。

林曦的歌发乎自然，没有任何斧凿的痕迹，似纯净大自然中清澈见底、淙淙流淌的小溪，恬美纯净，自然空灵。甚至有的歌是在演唱棚里现学现唱现录的，而中国唱片总公司要求之高近乎苛刻，这对第一次录制个人演唱专辑的林曦来说，无疑是一个挑战。

林曦相信自己可以克服困难，取得成功。她用心声、用思想、用感情、用文化内蕴、用清纯自然的嗓音，出色地演唱了一首又一首歌，带给录制人员一个又一个惊喜。

林曦的大朋友、世界著名指挥家汤沐海在比利时第二大城市安特卫普通过越洋电话聆听了林曦的歌后，非常激动，赞不绝口，并欣然为林曦题词："愿林曦天才的艺术和我心中美好的音乐共同为人类造福。"

著名佛教音乐专家凌海成称《我像只大鸟在天上飞》为"传世之作"；古琴大师李祥霆则用"怀仁致善，睿智童心"八个字来涵盖林曦歌中反映出来的思想与精神；林曦的大朋友濮存昕说他听《微妙音——曦曦的歌》，如闻天籁。

1998 年 1 月 21 日，林曦应邀参加中央统战部、全国政协、国务院宗教局举办的在京宗教界人士新春联谊会，并即席演唱了一首为赵朴初的诗《吃茶去》作的歌，莺啼婉转，令在座的赵朴初顿开笑颜，喜上眉梢。这一老一小，亲亲热热、其乐融融地手拉着手，共同度过了一段美好的时光。

林曦的歌犹如一眼清澈澄明的活泉涌流而出的涓涓细流，沁人肺腑，润人心田，使人们由烦躁不安走向平静愉悦，由爱心渐失走向真善美。它没有挥臂而起的大呼大叫，有的只是平中见奇的自然渗透。听林曦的歌，如把盏香茗，须慢呷细品，方得回味无穷、妙不可言之真趣。

1998 年 1 月 24 日，从北京起飞的飞机，在重庆机场徐徐降落。

林曦轻挽妈妈温柔的手臂，微笑着离开机场。

久违了，雾都重庆，我可爱的家乡！

在京一月的时间，留下了太多的美好、太多的灿烂——在录制棚中录制《微妙音——曦曦的歌》，在李祥霆教授的指导下演练古琴，与葛优、濮存昕等大朋友交谈，深夜在前门饭店灯下创作小说……

出国：既进行文化交流，又是和平的使者

唐玄奘西去印度取经，留下了许多美丽的传说。这种文化的碰撞与交流，绵延千年，迄今仍为世人津津乐道。

1998 年 12 月，一位才华横溢的重庆女孩，又以一种新的形式，去谱写中印文化交流的乐章。

这个女孩叫林曦。

林曦是受印度驻华大使馆、印度国际艺术中心与泰戈尔国

际大学的邀请，不远万里，前去举办个人画展的。

而林曦的画展，又以绘画艺术为凭借，向外辐射了积极的人文精神与丰富的文化内涵。

在开幕式上，中国驻印度大使周刚先生说："小林曦前来印度举办画展，令我们感到可喜可贺的同时，又生出许多自豪感。这是中印两国文化交流史上的一大盛事，对促进两国人民的友好往来与文化交流，一定可以起到积极的作用并产生深远的影响。"

印度国际中心展厅里，人山人海，凝神观画；展厅外，人头攒动，引颈以待。

画家来了，诗人来了，作家来了，教授来了，学生与家长也来了，甚至连前来印度观光的游客也来了，不同的肤色，不同的语言，人们在没有国界的绘画艺术面前交融汇通。

一幅幅画卷，流溢出无声的美感，给驻足观赏的人们独特的艺术享受。

绘画者林曦，又是另一道风景。她紧张地为人们签字，流畅地给大家解说。而签字所展示的当代书法之美，解说所昭示的中国画的丰厚底蕴，又透射出林曦不同寻常的文化素养。

激动，震惊，叹服。

不可思议的美！

不少人看完画展，匆匆走到外面，买来鲜花，拨开人群，献给林曦，尔后悄然消失在人流中。

一位房东看了画展后，激动万分，跑回家中，对他的美国房客说，一定要去看看这个东方女孩的画展。如果错过这个千载难逢的好机会，将成为终生的遗憾。

这个美国人还有一个牙牙学语的孩子，因此他有点犹豫不决。

"必须去看看，不然我就再也不给你们做饭吃了！"一向温和的房东生气了。

这个无奈的美国人，只好抱起孩子，无奈地走向展厅。

他一下子惊呆了！

每一幅画都是一首优美的诗，都是一种崇高的艺术。而林曦侃侃而谈的解说，使这一艺术画廊更加流溢出意蕴悠长之美。

这是真正的中国文化。

这是走向世界的艺术。

回到家，他顾不得放下孩子，便跑去对房东大喊“OK”，幸福自豪得像个得了大奖的孩子。

印度的两个国家电视台都对林曦的画展进行了报道，并对林曦进行了专访。林曦的高雅气质与从容应变中所透射出的文化内涵，令广大电视观众击节称道。

各大报纸也都拿出较大的版面，天天报道林曦画展的有关情况。新华社还为此发了一个通稿——《重庆小画家，印度办画展》，在《光明日报》等国内媒体传播后，又引起不少人的关注。

林曦漫步于印度新德里大街上时，孩子们便欢呼雀跃着跟在她的后面，羡慕不已而又万分自豪地喊着：“林曦，中国女孩！”

送几束散发着清香的鲜花，拉三两伙伴与林曦合影留念，成了这些孩子的骄傲。

在这些孩子的心目中，林曦是飘然而至的天使，也是一只传递友好和平的信鸽。他们喜欢她、仰慕她，以一睹她的风采为快乐。

泰戈尔国际大学也安排了一天的画展时间。这所泰戈尔创办的大学，地处桑地尼克丹（中文意思即“和平乡”），泰戈尔的诗歌、小说、绘画、歌曲，给这里的人们潜移默化的文化陶治。林曦的画展在这所大学里举办，有着特殊的价值与意义。她要展示中国艺术家的独特景观，也要在“和平乡”播撒中印友好和平的种子。

得悉林曦要来举办画展的消息后，在此就读的许多国家的大学生都欣喜万分。他们用了一周的时间，排练了一场节目，以示对这位文化小使者的友好与欢迎。

演出开始后，每一位表演者都先笑对林曦，诚挚地说一声：“亲爱的林曦妹妹，欢迎你的光临！”他们或放声歌唱，或翩翩起舞，并伴以热烈的掌声与欢快的笑声。

节目结束时，他们邀请林曦登台表演。

这位可爱的东方女孩一登台，便响起一片掌声。一曲范仲淹的《芳草无情》，将中国乐曲之妙、林曦歌喉之甜，以及歌词之隽永，自然和谐地传递出来。

最后，林曦用英语唱起《雪绒花》，美妙的歌声给学子们带来了愉悦的审美享受，在场的人们也都不由自主地随着林曦的歌声唱起来。

没有国界之别，没有肤色之分，也没有语言阻隔，一种情感维系与深层次的文化交流，将大家有机地融合在一起。

画展前夕，这里的老师和学生帮助林曦布置画展，向林曦提问题，表现出饱满的热情与强烈的兴趣。

画展举办得十分成功，林曦成了这所高等学府及周围人们谈论的新闻人物。

泰戈尔国际大学校长会见了林曦，他激动地说：“我们几乎天天盼着小林曦的到来，这所大学与中国的关系源远流长，给贵国周恩来总理授予过学位，徐悲鸿先生到此进行过学术交流。几十年之后，你这位艺术小天使又再次光临，令我们感到荣幸之至。”

这所大学的纪念馆馆长、泰戈尔世界文化交流中心主任感到万分吃惊，一个十几岁的孩子，竟能达到如此高的艺术造诣，真是不可思议！他抽出一个上午的时间专门陪林曦。一老一小，从中国古代文化与印度的佛教，谈到两国文化的交融。他不无感慨地说："你不仅是一个画家，更是一个美丽的文化使者！"他与一些教授向林曦发生诚挚的邀请，在林曦方便的时候，到这里读书并享受全额奖学金。林曦的磁带、照片，将在这所大学里永久收藏。

好多在印度教学的中国老师与留学生万分感慨地说："在这里，你让我们为自己是一个中国人而自豪！"

这期间，围绕着林曦而学生的一些趣闻逸事，也颇具文化意味。

一天中午，林曦在连续签字与回答问题之后，已是筋疲力尽。她走出展厅，前去餐厅用餐。

一位 70 多岁的老人，将一束鲜花献给了美丽的林曦。

"谢谢爷爷！"林曦满面笑容。

老人家欲言又止。

原来，60 年前，当他还是一个活泼可爱的孩子时，因为一个偶然的机会，认识了在这里任教的徐悲鸿先生，并得到了徐先生的厚爱。他几乎天天跟着徐先生，还向徐先生要了一些画。这些画现在就挂在他的家里，成了老人家的美好回忆与精神寄托。今天，他又在这所大学里见到了一位画家，只不过他成了老人，画家却是一个中国小姑娘。现在他有一个自己认为近乎奢望的要求，那便是要一幅林曦的画，他要把它与徐悲鸿先生的画挂在一起，去享受另一种美丽。

林曦慨然应允，当即为这位老人作画一幅。

老人家激动得不知说什么好，他从新一代中国艺术家那里，感受到了一种品格的高尚与艺术的深邃。

画展结束后，林曦漫步在这片以和平著称的土地上。

一两百个孩子闻讯跑来，跟在林曦的后面，唱着泰戈尔歌颂和平的诗歌，跳着富有民族风情的舞蹈，表达着对这位中国文化小使者的友好与喜爱。林曦也笑着用动人的歌声回应这些孩子。“和平乡”，呈现出中印友好、歌颂和平的画面。

新德里至北京的飞机上。

林曦凭窗而坐，她依然沉浸在画展的动人场景中。

她翻看着举办画展时的签字本，第一本便是在尼泊尔举办画展时的留言。随意翻开一页，竟写得那么情深意长：“林曦，万语千言，难尽我们的自豪。中国小姑娘成功地在异国他乡举办了画展，使中国的魅力感染了这块神圣的土地。这是林曦的美丽，也是中国人的自豪！”

掩卷遐思，一股幸福的暖流在心中汩汩流淌。

这次出国举办画展，首站是尼泊尔，旗开得胜，引起了轰动。

尼泊尔著名艺术家、皇家学院副院长邦德先生，中国驻尼泊尔大使馆人员，外交部亚洲司司长张九桓先生，以及当地的艺术家、作家、教师、学生等参加了开幕式。

在为林曦的绘画艺术倾倒的众多观赏者中，有一位诗人对画展钟情的表达方式独出心裁。他激情满怀，诗兴大发，当即赋长诗一首，盛赞林曦是艺术的女儿，是从中国飘然而至的美丽女神，是中尼友好交往的天使。朗诵之后，他还将一束鲜花用双手献给林曦：“尼泊尔的艺术家永远欢迎你！”

邦德先生则给予林曦更高的评价：“你将来一定可以成为一位最伟大的艺术家！”他还特邀了几位知名画家和自己的得意门生，设家宴款待林曦。他们共谈绘画艺术与中尼文化，抒发对艺术的审美体验。邦德先生还拿出自己的作品，向林曦介绍创作时的体会与感受，叙说自己丰富的人生阅历，鼓励林曦好好学习，更上一层楼。

饭后，邦德先生与夫人抱着鲜花，将林曦送上他的专车，方才握手道别。

“到北京了！”妈妈推了一下神游天外的女儿，林曦才如梦方醒，与妈妈一起走下飞机。

在印度驻中国大使馆里，南威哲大使会见了林曦，他为这位女孩的凯旋表示热烈的欢迎。他握住林曦的手说：“我相信，你将来一定是一位非常杰出的文化使者！”

但小林曦并没有骄傲，她的文化使者的使命任重而道远。6 月中旬，她还要到泰国举办画展，并祝贺泰国国王的生日。她还要到更多的国家去履行她文化使者的神圣使命。

特别值得一提的是，受中华海外联谊总会、新华社澳门分社、澳门莲艺文化协会（会长为何厚铧）的邀请，林曦为迎接澳门回归去举办画展。其后，再去香港举办庆祝香港回归两周年画展。在举办画展时，她将精心创作的两幅画亲手分别送给何厚铧、董建华先生。

这位美丽的女孩，还有太多的美丽征程；这位文化小使者，还要到世界更多的地方进行更加深入的文化交流。

走向世界

1996 年在法国举办个人画展时，林曦的画就已蜚声巴黎。今日的林曦，在人物画这个艺术王国里，已经有了突飞猛进的发展。她的画作在注重展现人物神韵的同时，更多地在思想内涵与文化品位上体现出东方文化的伟大与深邃。她还要到一些国家举办个人画展，还要到更多的国家一展东方禅画的优美。这位小小的画家，随着中国这个伟大的名字，将在世界这个大舞台上一展英姿。

《微妙音——曦曦的歌》推出后不久，便在国内不少城市走俏，各个阶层、不同年龄的人们对它的喜爱与日俱增，它那特有的返璞归真之美与文化底蕴之深，使其愈来愈显示出旺盛的生命力。近期一些友人喜获这盘磁带，漂洋过海，带到国外。当纯净优雅的歌声荡漾在异国他乡之时，一向以快节奏工作的外国友人们，顿有清风徐来的感觉，享受东方音乐的恬淡与幽雅，品赏林曦那自然纯净而又内蕴丰富的韵味。相信这一独特的中国文化，将在世界不同的国度里逐渐地传播开去。

林曦决定在前去日本及东南亚国家举办个人画展时，与爱好茶道的友人一起泡茶并探讨茶禅的奥妙，在一展精湛的煮茶技艺之时，将博大精深的中国茶文化弘扬出去。

由赵朴初先生亲笔题写书名的《微妙音——曦曦的诗文书画集》已经问世，这本书不仅充分展示了她的写作才华，更透射出她那善良美好的思想、恬淡优雅的心态、归于自然的审美追求。这与她的歌一样，受到了人们的喜爱。

不久的将来，林曦将进入印度泰戈尔国际大学艺术学院学习，主攻画艺学，立志向更深的领域挺进。她将禅学作为中国传统文化的一个分支，将研究禅学作为光大传统文化的一项历史使命，勤奋努力，不断进取。

而林曦在慈善事业方面的发展也令人称道。她不仅经常与妈妈一起参加集体的慈善事业，还通过作画、出书、发行音乐专辑等，将得到的报酬悄悄地捐给希望工程，心甘情愿，乐此不疲。

中国优秀的传统文化根植于林曦的心中，并悄悄地开花结果，悄悄地向着多元层面发展。没有揠苗助长的急迫，也没有蜗牛爬行的缓慢，一步一个脚印，一步一个成功。没有沮丧，没有骄傲，没有矫揉造作之态，不见雕琢斧斫的痕迹，真真正正的“清水出芙蓉，天然去雕饰”。也许正是这种自然的美质，才使林曦深深地品味到中国传统文化的真正底蕴，并以其雄厚的实力，向着世界与未来冲击。

林曦有一个高远的目标，那便是做一位世界一流的书画家和深受人们喜爱的作家、学者，以及最具影响力的国际民间慈善家、中外文化交流的使者。实力与奋争的结合，必然将她推向世界的舞台，而林曦在取得巨大的成功之后，还将是那么平和自然，还将向着更高远的目标奋进。

王晶，福建师范大学外国语学院院长助理，英语阅读与写作教研室教师，福建省翻译协会常务理事，曾被评为全国优秀家长，多次应中央电视台之邀在《当代教育》等栏目做过访谈节目，讨论挫折教育及父母与孩子的沟通等话题。2002年作为全国更新家庭教育观念报告团成员，在全国六省一市做巡回演讲。近年来，王晶利用工作之余，在全国各地为家长和中小学生做报告，举行咨询活动，通过热线电话和电子邮件与广大家长进行交流，致力于更新家庭教育观念的课题研究。尤其针对目前青少年存在的心理健康问题，提出要提高孩子的心理承受能力，关键在于从小训练孩子的抗挫折能力这一观点，指出父母应该从生活细节上有计划地设置障碍，让孩子从小学会调整自己，以适应环境。

黄思路，福建福州人，第四届“全国十佳少先队员”，宋庆龄奖学金获得者，入选“中国少年榜”；中国作协鲁迅文学院少年作家班优秀学员，获华东地区中学生作文大赛一等奖；钢琴十级。赴美国学习古典音乐，两次获美国爱斯本音乐学校全额奖学金。曾获福建省中学生英语口语电视大赛一等奖、最佳辩手奖；曾担任福建电视台《校园频道》等栏目主持人，主演电视剧《心在呼唤》；曾赴韩国参加哈佛大学亚洲与国际关系学术年会，赴美国哈佛大学参加“模拟联合国”，赴欧洲参加中国—奥地利欧盟暑期学校。著有《十六岁到美国》和《第四节是物理课》，其中《十六岁到美国》被中国青少年新世纪读书计划评审委员会评为优秀新书，入选“新书推荐榜”。2005年毕业于北京大学国际政治专业，同时获经济学学位和艺术学学位，从美国哥伦比亚大学获得艺术管理硕士学位后，曾先后就职于纽约百老汇尼德兰德演出公司、纽约罗德公关公司，现任职于美国雪佛龙公司。

过程是美丽的

——王晶教女成才的思路

在第四届“全国十佳少先队员”中名列榜首的黄思路，以“品学兼优，全面发展”的评价与“千手观音”的美称，在广大中小学生中享有盛誉。一个十几岁的女孩，样样都学，样样都行，人们在惊叹不已的同时，也在探询思路成才的家庭原因。为此，我专门采访了黄思路的妈妈王晶。

王晶是福建师范大学外国语学院的老师，一副宽边的眼镜，一口流利的普通话，一身朴素的衣服，显得格外端庄、儒雅。当我向她问起如何教育孩子、花费多少心血时，她的回答却是出人意料——

“我多年来夜以继日地工作，孩子到天黑了回家还常常吃不上饭。我甚至不知道她穿几码的鞋子，不清楚她哪一天期末考试。思路爸爸每天在办公室工作到深夜，星期天、节假日也不例外，平时出差在外的时间比在家的时间多几倍。所以，他每一次出差回来，一进门，女儿总是笑嘻嘻地问：‘爸爸，什么时候走啊？’”

这是一个令人不解的奇怪答案。

不过，在深入采访的过程中，我却发现了思路妈妈独具匠心的教育方法，那就是她所说的“不教之教”。她不是用一个个道理简单地、直接地教育孩子，而是以身作则，让孩子在生活中去学习、去领悟。从表面上看，她没有用过多的时间刻意地去教育孩子，而实质上，正是通过这种“不教”，达到了真正教育的目的。

给孩子终身受用的能力

孩子天生不是无所作为的，当今之所以出现孩子能力下降，甚至出现大学生需要家长为其洗衣服的奇怪现象，都是父母过度溺爱孩子，凡事越俎代庖结下的恶果。王晶认为，“合抱之木，生于毫末”。从小培养孩子的能力，给孩子一个“我能行”的本事，是孩子未来长成参天大树的基础。为此，她对黄思路能力的培养就有了出人意料而又深得要义的教育行为。

一、只要孩子有能力做的事情，就让她学着做

思路很小的时候，工作繁忙的妈妈便将她放在外婆家住。妈妈既不想给外婆造成过重的负担，又想有效地培养孩子的自理能力，所以在思路年仅 3 岁的时候，便让她做一些力所能及的事情。

4 岁学洗头的时候，思路因手臂太短够起头来相当困难，有几次都将脸盆弄翻了。见此情景，妈妈真想替她洗，但又一想，她以后总要学会这个本领，晚会不如早会。于是，妈妈又让她倒上一盆水重洗。思路开始洗头时总是洗不干净，经常有洗发膏残留在头发上。但没过多长时间，思路便养成了自己洗头的习惯，不仅洗得干净，而且速度也快了，经常受到妈妈与外婆的夸奖。学会了洗头，妈妈又教她梳头。没过多长时间，思路又掌握了梳头的本领，即使外出演出，也不让妈妈代劳。她相信自己梳得比妈妈好，她从别人羡慕的眼神中获得了自信，从熟能生巧中学会了自立。

妈妈认为，只要她有能力做的事情，就让她学着做，而且要求一定做好，并且形成习惯。在思路家里，从来没有谁说一句“孩子还小”的话。遇到难事，妈妈退后一步，双手往胸前一抱，做出一副不闻不问的样子：“机会来了，看你的了，开发你的潜能吧!”这么“一逼”，思路居然给了妈妈一个又一个

惊喜。

她的书包里所有的东西都井然有序。从一年级开学到现在，妈妈一次也没有为她整理过书包，没有为她削过铅笔，没有为她包过书皮，也没有帮她订过本子。衣服的扣子掉了，裤裆裂了，书包破了，她自己动手缝补，针扎破过稚嫩的小手，缝补的技术也多不尽如人意，但妈妈让她自己做，相信她会学会这些本事的。自行车坏了，她蹲下身子，满手油渍地修理，没用多长时间，居然车子能骑了。鞋匠都不肯修的鞋扣，她竟然也修好了。家里的淋浴头坏了，妈妈弄得全身是水也无可奈何时，她略一思索，拿块海绵往里面一夹，便轻轻松松地解决了问题……

思路有条裙子非常漂亮，只是腰低了点儿。思路要妈妈给改一改，妈妈却严肃地说："你拿不动针线吗？自己能干的事，别想赖着你老妈！"思路知道妈妈希望自己成为一个全能的人，只好自己动手。尽管思路经常干活，但改衣服式样还是第一次。妈妈不教，只好自己试着干。结果，思路一口气干了3个半小时，竟然改得很有特色。妈妈将改好的裙子拿在手中，仔细一看，不由得哈哈大笑："贵在参与嘛！"原来，针脚之间的距离远远"超标"了。但由于是自己改的裙子，式样又颇富特色，所以思路对它情有独钟。

思路上小学的时候，便自己去医院看病。一天中午，当她背着书包赶到医院时，正值医生下班，她便说自己下午要上课，恳请医生给她看病。医生见她是个小学生，又是独自一人前来，破例给她看了病。她取了药，高高兴兴地去上学，得意之情溢于言表。在外面看到广告，要上电脑班、表演班，她都自己去报名。她出远门，父母尽量不陪行。她去上海、济南、哈尔滨、日本等地方，有时随团行，有时独自去。买机票时，妈妈远远地站在外头，让她自己去查询航班的时间与票价，自已买票。一次，思路与妈妈同行，习惯性地将行李往妈妈面前一放，说："你在这里等着，别乱跑，我去办登机手续，马上回来。"然后便跑上跑下地去办手续。妈妈身边的几位旅客见一个小孩子去做这些事情，疑惑不解地问："她是你的……""我的女儿。"妈妈平静地答道。"不可思议！"他们连连摇头，然后窃窃私语，叹服不已。

思路 8 岁时，与妈妈同去苏州看望正在读研究生的爸爸。她十分瘦小，左手提一个包，右手拿一个包，背上又背着一个不小的包，当时妈妈就心想，这个孩子真可以当大人用了。一路上乘轮船、坐火车、挤公共汽车，跑了很多地方，思路身负三个包，满头大汗，却又心甘情愿，高高兴兴。到了船上，思路又给妈妈削梨、泡方便面，令同行的人十分感叹。

思路妈妈的教育方式，真是给我们家长留下了无限的思考。真正地关心和爱护孩子，就应当给他"我能行"的信心和"我能行"的本事，而不是让他形成做任何事情都依赖父母的心理。父母不可能跟孩子一辈子，尽早地让孩子去做自己力所能及的事情，这才是明智之举。这种良好的意志品质的形成，对思路的学习、生活、工作，甚至一生的发展，都起着至关重要的作用。思路"我能行"的自理能力，正是从这些看似不大、其实不小的日常生活之事中培养出来的。

二、做家务不是家长的"专利"，而是提高孩子动手能力的一种锻炼形式

全校杀鱼比赛一开始，各位参赛学生便各显神通。只见黄思路敏捷迅速地拿起一条活鱼，用菜刀"啪"地往鱼头上一拍，然后刮鳞、剖腹、冲洗，富有节奏而干净利索，令人不由得想起庖丁解牛的游刃有余。台下顿时掌声四起，大家齐声叫好。此时思路又拿起第二条鱼，干脆用力往地上一摔，活鱼毙命之际，刮鳞之声已经"唰唰"响起。很快，杀鱼完成，台下又是一片掌声。

思路载誉而归，一进门就大喊大叫："我得了第一名！"

妈妈拍拍她的脸颊，脸上洋溢着欢笑："真棒！"

思路的杀鱼绝活也不是一日之功。尽管妈妈在她两岁时就让她干一些力所能及的家务活，但让她杀鱼的机会不多。三周前学校通知全体学生要举行一场杀鱼比赛，目的是提高学生的动手能力。于是，妈妈便与思路一起从市场上买来许多鱼，塞了满满一冰箱。放学归来，思路便直奔冰箱，取出两条冻鱼，一边高声地唱着歌，一边将鱼解冻、剖开。后来，妈妈又买来一批活鱼让思路练习。经过不断的练习，思路杀鱼的水平日渐提高。看着女儿杀鱼时的得意神情，听着女儿欢快的歌声，幸福的暖流在妈妈心中流淌。

一位参赛选手对思路说，她只杀过三次鱼，而且是为了这次比赛。平时妈妈是绝不让她干家务活的，说是只要学习成绩好，妈妈再苦再累也心甘情愿。

"妈妈，你怎么和别人的妈妈说的不一样？"思路问道。

妈妈对女儿说："你可别小看家务活，你在干活的过程中学到了很多常识，不仅提高了自己的动手能力，还感受到了劳动的愉快。通过解剖，你又观察到了鱼的内脏，就会对生物课感兴趣，上课会认真听讲，还能自己思考，这样就能学得特别好。通过买鱼，你了解了市场的物价，学会了讨价还价，体验了购买者的心理活动。这些切身体会，也给以后的写作提供了丰富的素材。参赛还有助于提高心理素质，如果能适应这种比考场更紧张的气氛和更激烈的竞争场面，以后大考时就能轻松上场，这样一来便提高了自己应试的心理素质。妈妈觉得做每一件事情都不能只看到事情本身和当时的表面结果，其实，有些东西是在长期的潜移默化中产生的。每一件小小的家务活中都蕴含着很深的学问，你在愉快的劳动中，不知不觉学到了很多东西。妈妈希望你成为一个全面发展的孩子，不光是学习成绩好，还要在其他各个方面有出色的表现，而你在其他各个方面的出色表现，又会促进你的学习成绩的提高。这叫‘润物细无声’。”

思路的妈妈真的与别人的妈妈不一样，她将家务活看作一门学问，也将其看作提高孩子动手能力的一种锻炼形式，这令许多让孩子远离厨房的家长产生了思索。做家务不是家长的“专利”，更不要认为不让孩子做家务是对孩子的关爱，是对孩子学习的支持，而应当将做家务作为家庭教育系统工程中一个不可或缺的部分。家长不仅要有这种意识，更要付诸行动。如此坚持下去，你的孩子也许会给你带来意料不到的惊喜。

三、学琴可以提高孩子的综合素质和协调能力

思路学琴时年仅 3 岁，当时她个头很矮，由于键盘太高，所以去上课时要背上一个垫在座位上的大枕头。

第一次去学琴，妈妈将她送到家门口，很有信心地对她说：“妈妈相信路路一定能管好自己！”思路便带着父母的期望，怀着自信，背着几乎比自己还要大的大枕头，与妈妈说声“再见”，便晃晃悠悠地下楼而去。妈妈当然有许多牵挂：女儿能学会并学好吗？老师会喜欢她吗？思路的父母也曾在老师的屋外徘徊与窥探，但最终还是没有进去，他们知道家长要给孩子一个独闯世界、独学本事的空间。思路以此为荣，没有家长可依靠，不仅上课认真听讲、认真练习，而且课后作业完成得很好。她还成了老师的得意门生。

后来，离老师的家远了，妈妈不得不送思路去学琴。但由于她已经具备了独立学习的能力，思路也只是把妈妈当作“多余的人”冷落在一边，专心致志地学琴。妈妈也习惯了这种“多余”，在悠扬的琴声中，专心致志地备课、批改作业。时间一长，思路不仅练琴讲究独立，学习、参加活动也闹起“独

立”来。父母为之欣喜的时候，思路的自学能力不断提高，独立生活的羽翼也渐渐丰满了。

离开老师回到家里练琴，妈妈一不陪练，二不规定时间与次数。妈妈认为，规定时间与次数会导致孩子偏离练琴的目标，孩子会因想要达到时间与次数的要求而淡化对质量的追求。妈妈只听最后一遍，只看弹琴的质量如何。所以思路也不看时间，不问次数，一心只想着把琴弹好。这样一来，反而在很短的时间里达到了很好的效果。弹琴时她感到愉快，弹完后她可以尽情玩耍，而弹琴的水平快速地提高了。

学钢琴要“冬练三九，夏练三伏”，个中甘苦，一言难尽。有时思路学习过紧，时间很少，甚至身体欠佳，妈妈依然要求她咬紧牙关坚持练琴。其实，妈妈的目的并不只是提高她的琴艺，关键是借此锻炼她的顽强意志，培养她吃苦耐劳、锲而不舍的精神。如此坚持两三年之后，思路便充分显示出不同于一般孩子的坚韧不拔的毅力与持之以恒的精神。上小学时，她在课上注意力十分集中，总觉得正听得津津有味时下课铃就响了。课堂学习也好，班级工作也好，练琴、学舞蹈也好，她都一丝不苟，而且按时完成，绝不拖延。

钢琴是和声乐器，钢琴曲是和谐的音乐。弹琴时，眼睛要同时阅读上下两行乐谱，大脑要指挥左右手的动作，耳朵要倾听音乐，脚下要踩踏板，还要注意坐姿与表情，非常讲究全身心的配合。通过学琴，思路提高了自身的综合素质和协调能力。因此，她学写字、学做针线活都十分轻松，走路与跑步也比较平稳。而自幼背诵钢琴曲谱，增强了记忆力，所以思路背诵课文的速度也达到了一流水平。不过，频频登台独奏，思路缺乏与他人合作的机会，会强化她的自我意识与自我中心思想，使她难以形成合作精神。所以，妈妈更重视思路的集体演出，鼓励她参加学校乐队的活动、参加钢琴四手联弹和齐奏。

6岁时，妈妈就让思路参加了18台钢琴和大型乐团联合演出的节目，使其感受到团队密切合作的集体力量。此后，无论是在音乐会上独奏气势磅礴的钢琴曲，还是在校乐队乱哄哄的排练室里弹合奏，思路都能够很快进入角色。在与同学的相处中，她总是可以找到自己的位置，与他们和谐相处。

思路12岁时钢琴便过了十级，但是妈妈的初衷并不是让她成为一位杰出的钢琴家，而是希望她将钢琴作为一种学习之外的、让她精神愉悦的活动。妈妈的目的，是借此培养与发展思路的注意力、兴趣、情感、意志等方面的良好的心理品质。而这一点，恰恰是被一些“望子成龙”“望女成凤”的父母所忽视的。摒弃功利思想，着眼素质教育，关注孩子非智力因素的培养，应当成为家长追求的目标。

良好习惯从小养成

习惯决定性格，性格决定命运。孩子从小养成良好的习惯，可以受益终身。但时下的父母对孩子太过关爱，对孩子的一些不良习惯过于容忍，甚至熟视无睹，听之任之。久而久之，习惯成自然，孩子的恶习将会随着年龄的增长愈演愈烈。王晶深信孔子之言：“性相近也，习相远也。”通过教育培养，原本起点差不多的孩子，长大后会大相径庭。她认为，习惯就是从小事做起，从身边做起养成的。就是在这点点滴滴的小事中，才会形成伴随孩子一生的优秀品质与良好习惯。

一、面对孩子的无理哭闹，家长一定要理智

思路不到3岁便入了幼儿园。第一天去幼儿园，她也与其他孩子一样，哭着闹着要回家找妈妈。幼儿园的老师实在拗不过，只好将思路送到家里。

妈妈没有让思路进门，尽管她知道此时女儿对妈妈是多么依恋，但她还是十分严厉地要思路返回幼儿园。思路在门口哭

了很久，先是小声啜泣，而后放声大哭。妈妈在屋里听着这揪心的哭声，心里一阵阵地战栗，孩子毕竟是妈妈的心头肉啊！但是理智告诉她，如果这次让思路进了家门，无疑向她传递了一个信息：哭闹是要挟妈妈的一种有效手段，不仅明天可以哭着从幼儿园回来，其他事情也可以用哭来达到自己的目的。于是，妈妈打开屋门，挡住门口，对思路说："如果你是个好孩子，就勇敢地擦干眼泪，乖乖回去，放学时妈妈高高兴兴地把你接回来；如果你要当个坏孩子，就站在这里哭，不会有人来理你的！"

妈妈又关上屋门，思路长哭不止。

屋内没有任何反应，但疼爱女儿的灼热情感在妈妈心中翻腾。

思路终于妥协了，她轻轻地叩门，用哭哑了的声音央求道："妈妈送路路回幼儿园。"

妈妈打开屋门，看着满腹委屈的女儿，心中又是一阵战栗。但是，妈妈十分清醒。如果这次送思路去幼儿园，明天她还会哭着闹着返回家，由妈妈送回去。这样一来，还是没有从根本上解决问题。妈妈一咬牙，说："你自己去，妈妈去接你！"

思路又哭了一阵子，终于绝望了。她又一次叩开了屋门，抽泣着说："妈妈早早来接路路……"说到这里，她早已泣不成声了。妈妈强忍住泪水，替她擦干眼泪，亲亲她的脸蛋："妈妈一定第一个去接你。"

思路无奈地去了，她是面对着家门，倒退着去的。她背着小书包，戴着小黄帽，眼巴巴地望着妈妈，一边抹眼泪，一边举起右手，用早已哭哑的嗓子小声说着："妈妈再见！"直到再也看不见家门了，才慢慢地转身走去。

思路走后，妈妈的泪水早已流了出来。思路可是第一次离开妈妈，到一个谁也不认识的环境里去生活啊！她还会哭吗？

她生妈妈的气吗？好不容易等到放学的时间，妈妈匆匆赶到幼儿园。

思路是飞奔着扑到妈妈怀抱里的。她紧紧地搂住妈妈的脖子，亲了又亲，泪水与笑声混合在一起。她怕妈妈离开，她离不开妈妈的关爱。这个鲜活的小生命，与妈妈永远是最亲近的啊！

从那以后，思路再没让妈妈送她，也再没有哭着闹着要见妈妈。没过多长时间，她便适应了幼儿园的生活，上幼儿园成了一种习惯，甚至成了一种快乐，她像小鸟一样唱着歌去，也像小鸟一样飞着回来见妈妈。

可是，一般的妈妈是没有思路妈妈的理智的。她们在对待孩子的哭闹时，往往情感占据上风，理智失去光彩。她们将对孩子的百般疼爱，化作对孩子的百般依顺，乃至于百般溺爱。正是这种爱，害了孩子，甚至害了孩子的一生。

因为美好品德与良好习惯的培养，起始于幼时，所以，面对孩子的无理哭闹，家长一定要理智，切忌感情用事，而应该从孩子的未来发展去考虑、去行事。

二、节俭意识从小培养

大年三十，外公外婆给了思路 50 元压岁钱，她高高兴兴地在自己的账本上写道：外公外婆 50 元。

“妈妈，您是不是也给些压岁钱?”思路笑中带着期盼。

“可以，但给多少呢?”妈妈稍作思考说，“就 9 分钱吧，因为你今年 9 岁，一岁一分钱。”

思路接过妈妈给的压岁钱，工工整整地在账本上写道：妈妈 0.09 元。

这时，“乐天派”外公插嘴了：“9 分钱，亏你还拿得出手!”

“妈妈能给我压岁钱，已经是破例了！我哪还敢有更高的要求呢!”

妈妈搬把椅子，让外公坐下，对思路说：“你现在已经长大了，可以有自己的小金库了。现在给你9分钱，是想说明每一分钱都来之不易，都要珍惜，让你从小养成勤俭节约的好习惯。”

外公说：“这样会不会使路路变成吝啬鬼？”

“不会的！”妈妈说得掷地有声，“该花的钱，再多也要花，比如支援灾区、救助失学儿童，我们一次就给过路路100元、200元。但是，不该花的钱，一分钱也不能花，就像平时我们连根冰棍也不给她买一样。”

思路非常理解妈妈：“我有时知道不该买某样东西，但是心里还是很想买，要费好大的劲才能忍住啊！”

妈妈告诉思路，从今天开始，制订一份切实可行的计划，一切按计划执行。

思路跑进自己的房间里，很快便交出一份计划，支出分三个部分：学费、买书与捐款。

“除了这三项之外，我什么钱也不花了，每次收到或支出一笔钱，我都如数记到账本上。”思路说道。

妈妈较起劲来：“决定的事情一定要做到，如果不按时记账，一旦查出来，可一定要罚款的。”

“可以！”思路爽快地答道，但稍停又问道，“我还可以写上磁带吗？我太喜欢音乐了，再说欣赏好的音乐也是一种很美的精神享受嘛！”

“这个问题就不用请示了，什么钱该花，什么钱不该花，你自己要做到心中有数！”

“那我就写上磁带吧，不过，我不会乱买的！”说完，思路在外公与妈妈的脸上轻轻地各吻一下，一阵风似的跑到自己房间去了。

7年过去了，思路的账本已经转到电脑里，收入多少，支出多少，一目了然，清清楚楚。除了一次特殊情况忘记记账被罚了10元钱外，所有开支均未超出原订计划。

思路小金库的账目余额，最后一位依然是9。

这个不寻常的9，承载着妈妈的关切与期望，也提醒着思路对支出要采取审慎的态度。它成了妈妈的骄傲，也成了思路的一笔精神财富。

如果想想我们在孩子压岁钱方面的出手大方，便不免愧然而思，孩子每年长了一岁的时候，便开始问心无愧地接受父母的馈赠，甚至是理直气壮地索要。久而久之，孩子在心中形成了一种思维定式：父母对孩子的心血付出与经济付出，是天经地义之举；而至于如何回报父母，那却只有另当别论了。任何思想的形成，都经由了一个过程，这个过程会产生一个什么样的结果，却令人深思。

三、让孩子承担出现差错的责任

思路也有出错的时候，每逢此时，妈妈不是简单说教，而是让事实说话，让她自己从错误中体会道理，从而接受教训，不再重复以前的错误。

一天，思路去学校排练节目，由于走时匆忙，忘了将排练必需的磁带带上。妈妈看在眼里，却并不作声，心想：这次提醒她，下一次她也许还会忘，并由此产生依赖父母的心理。要让错误去提醒她，惩罚她，引起她的注意。让她多跑这一次，以后便可以少跑许多次，要让她记住这个教训。思路骑车将到学校门口时，突然想起未带磁带，急忙找个公用电话，恳请妈妈快速送来，以免耽误了节目排练。

“不行！”妈妈说得斩钉截铁，“自己的事情自己办！”

“时间来不及了，好妈妈，求您了！”思路急得满头大汗。

“你先去向老师打个招呼，将排练的顺序调换一下，然后骑车来取。”

思路再次向妈妈提出请求。“这事没得商量!”妈妈说完，便挂了电话。

当时正值暑假，妈妈在家看书，这位大学老师不是没有时间送去，她是要女儿自己承担这个责任。

思路急匆匆告诉老师调换节目顺序，急匆匆骑车回家，急匆匆拿了磁带，又急匆匆赶到学校。还好，没有耽误排练。

自那以后，每逢出门，思路都要认真检查是否忘了东西，因为她没有任何人可以依赖，一切要靠自己。不过，效果也出来了，思路前一天晚上便将第二天要用的东西整理齐备，忘带东西的情况很少发生了。

另一次类似的事情发生在思路上小学的时候。

当时班上有个特困生交不起学费，思路向全年级学生发动捐款。老师让思路保管这笔捐款，每次交费时思路替这个学生交上。由于事情较多，思路替他交上钱时往往忘了记账。妈妈提醒几次之后，干脆不再说话。小学毕业时，账目与现金之间差了 200 多元。几经回忆，还是因时间久远而有 120 多元差额。老师说，算了，思路忘了记，这个特困生也顺利毕业了，目的达到了，不要再补了。但妈妈不同意，执意让思路用自己的钱补上，并将钱交给了学校。妈妈认为，这种做法类似罚款，如果以后参加工作后出现差错，也应承担责任，这只不过让她提前经历了这个过程与感受。现在，思路的稿酬收入与有关支出都是一个不小的数目，妈妈也是坚持让她及时记好每一笔账，迟记一日，罚款 10 元。由此思路养成了记账清楚、办事认真的好习惯。

有一个时期，思路每天晚上睡得很晚，早晨又得提前半个小时起来。由于过于疲劳，她听到闹钟铃声响后总会在床上躺一会儿，结果又沉沉睡去。如果妈妈不叫她，上学就会迟到。于是妈妈建议她把闹钟定的时间推迟半小时，这样既可保证睡眠时间，又可随着闹钟铃声起床。但是思路不同意，每天晚上总说保证第二天一定起，结果第二天听到闹钟铃声后又沉沉睡去。于是，妈妈采取措施，没收了她的闹钟。既然闹钟形同虚设，妈妈可不做女儿的“闹钟”。结果，思路上学迟到了，这引起了她的高度重视。从此以后，早晨她只要听到一点儿动静，便马上翻身起床，绝不拖延，生怕再次上学迟到。几天之后，妈妈把闹钟交还给思路，思路一听到铃声便及时起床了。

从小让孩子承担出现差错的责任，既是培养孩子良好的习惯，也是培养其独立生存能力的好办法。那种替孩子承担责任，或者不让孩子承担责任的家长，看似疼爱孩子，庇护孩子，其实是害了孩子。孩子虽小，但可塑性强，所以，家长应当让他们早早地形成自我承担责任的能力。

四、家长的身教在前，其后便会有孩子的良好行为

妈妈对思路的教育，有言教，也有身教。思路还很小的时候，她家住在山区。那里很少有垃圾箱，但每当有果皮，不管跑多远，父母都要领着思路，让她将之扔到果皮箱里。一天，爸爸感冒咳嗽，口中有痰，寻找半天，找不到一个垃圾桶，迫不得已，只好跑到路边吐了一口痰。3 岁的思路万分惊奇，大声喊道：“爸爸不许随地吐痰！”这件事反过来也教育了父母，从那以后，父母便定下一个规矩：勿以恶小而为之，勿以善小而不为。

上一年级的第一天，思路与一些刚从幼儿园走出来的小朋友坐在新的教室里。老师讲话时，这些小家伙一个个正襟危坐，不声不响；而老师一离开教室，这些小不点便又说又笑，甚至跑出了教室。思路却纹丝不动，在她看来，只要下课铃声不响，学生是不能擅自离开座位的。老师在如此，老师不在也应如此。这种良好的行为规范早已在思路的心里落地生根，直到现在，思路对此规矩也从不越雷池一步。

妈妈与女儿关系非常平等，在思路小的时候，妈妈总是蹲下来跟女儿说话，没有居高临下的态势，有的只是平等的意识与充分的尊重。不管思路的想法多么幼稚，妈妈都给予充分尊重；不管思路的计划如何不切实际，妈妈都十分认真地对待。妈妈认为，孩子是同自己站在同一地平线上的，尽管她的思想尚未成熟，生活尚未自立，对父母还有不同程度的依赖，但是孩子在精神和人格上与父母是平等的。尊重并相信孩子，孩子便尊重并相信家长。家长的身教在前，其后便会有孩子的良好行为。因此，妈妈在教育思路的过程中，处处为孩子做出榜样，并与孩子进行心灵的交流。思路评上“全国十佳少先队员”后，妈妈认为思路是少年的榜样，出不得半点儿差错，所以关心思路的发展，成了妈妈义不容辞的职责。没事的时候，妈妈会专门骑车陪女儿去上学，充分利用路上的时间，与女儿进行思想交流。

思路家里的气氛特别轻松愉快，大家都爱开玩笑、做鬼脸，大人小孩都一样，外人来了也不例外。思路的同学十分喜欢来玩，他们对思路说：“你妈妈太好玩了!”朋友在思路家里很受欢迎，妈妈爱和他们一起玩、聊天。

现在，思路能够自愿地遵守行为规范，尊重家长与同学，与他人和谐相处，这都与妈妈不言的身教紧密相关。

身教是无声的教育，也是最有效的教育。而家长，则是对孩子实施身教的第一任老师，也是最好的老师。所以，家长要担当起这个责任，要时刻注意自己的一言一行，在点滴小事中潜移默化地影响孩子、教育孩子，从而使孩子形成优秀的思想品德与良好的行为规范。

塑造孩子高尚的人格

孔子对子夏说：“女为君子儒，无为小人儒。”孔子培养人才的核心就是人格塑造。世界上大凡优秀的人士，大都具有高尚的人格。而人格的塑造是一个长期的过程，要从小开始。王晶在培养思路成才方面，目标远大，她希望思路在学业上有一番大的成就，更希望她是一个人格高尚的有用之才。

一、给需要帮助的人雪中送炭

一天，思路放学归来后，便悄悄走进自己的房间。一向唱着歌踏着节拍回家的活泼女孩，今日为何如此闷闷不乐？

妈妈走进思路的房间，问道："今天怎么了？"

"妈妈，"思路撅起了小嘴，"今天我们班重新调整座位，我和方芳（化名）成了同桌。"

"好啊！多调整几次座位，可以多交几个朋友，从他们那里学到各种不同的东西。"

"好什么？"思路依然面无笑容，"方芳已经一个人坐了几个月，没有谁愿意与她坐在一起，她的成绩最差，上课不仅爱说话，还喜欢做小动作……"

妈妈想，带着这样一种情绪，怎么能与同桌处好关系呢？妈妈希望思路每天都有一个好心情，并将这种心情带给她的同桌和其他同学，去积极地适应环境、改变环境，从而营造出和谐、愉悦的氛围。

"路路，你最喜欢什么样的同桌呢？"

"当然是学习好的啦，可以互相帮助，至少不能是学习成绩很差的！"

"你可以帮助她一起前进嘛！"

"妈妈，您不知道她有多差劲，哪像人家学习委员，样样都好……"

妈妈略一思索，轻轻倒上一杯水，送到思路面前："喝杯水吧！"

"我不渴。"

“不渴也喝一杯，喝水对人体有很多好处。”

“太阳从西边出来了，您可是从来不给我倒水的，我怎敢劳您的大驾啊！”话虽如此说，思路还是不情愿地喝了几口，然后皱皱眉头，疑惑不解地看着妈妈。

妈妈神秘地一笑：“怎么样，不需要吧？你们班上学习好的同学也不需要你的帮助，正像你明明不渴我却让你喝水一样。方芳学习不好，正像口渴的人一样，你这时候给她送上一杯水，不是急人所难嘛！”

思路凝神静听，若有所思。

妈妈又笑笑说：“以前你50米只跑9.2秒，天天晨练也不见进步。可是爸爸教了你起跑的技巧之后，你的成绩马上提高到8.1秒。如果爸爸去教已经掌握这种技巧的50米短跑冠军，恐怕就难以看到成效了。”

与妈妈心有灵犀的思路，开始悟到其间的一些玄机。

妈妈继续说：“如果你希望花最小的力气做最大的事情，如果你想用最短的时间做出最多的成绩，如果你希望最大限度地体现自身的价值，那么你就应该去寻找起点最低的对象，去帮助那些最需要帮助的人，去‘雪中送炭’，而不是去‘锦上添花’。在做这些事情的过程中，你会很快乐，因为你的努力没有白费。在你递给方芳的那一杯水里，每一滴都是她最需要的，也是最宝贵的。而你如果把这杯水送给学习委员，看着她皱着眉头喝下去，难道你会很快乐吗？”

思路笑了：“被您这么一说，我倒庆幸自己遇上了这么个同桌！”

妈妈笑着走开了。

是的，与学习差的同学同桌是一件很快乐的事。思路转忧为喜，用笔记下了这一段难忘的母女对话。

思路与方芳成了好朋友，方芳的学习成绩也一天天进步。

帮助人需要付出，付出会带来愉快，而对格外需要帮助的人付出并见出成效，则会带来高层次的愉悦。环视周围便会发现，需要帮助的人就在我们身边。我们何不像思路那样，去付出关爱，享受愉悦呢？

二、妈妈希望女儿永远是个诚实的孩子，因为说谎话损失的是一个人的人格

一天，10 岁的思路放学回家，说完“妈妈好”，正想去房间写作业时，妈妈问了一句：“从学校带来的杯子洗了吗？”思路随口答道：“洗了。”便转身写作业去了。

妈妈走进思路的房间，拿起并不干净的杯子，生气地问道：“这杯子是洗了吗？”

思路这时才回过神来，小声地说：“刚才随口答了一句，其实杯子还没洗。”

“我说过，最不能容忍的是撒谎，你怎么这样呢？我没有你这样不诚实的孩子！你走吧！”妈妈生气地说。

思路什么也没说，流着泪水，背起书包，走出家门。

妈妈没有想到，思路竟然真的走了。过了一会儿，妈妈便悄悄地循着思路走去的方向去找，看见宿舍楼大门外边，小小的思路正背靠着围墙，面对着大街抽泣着。

“你在这里干什么？”妈妈的语气中已有了不少的温情。

“等天亮了去上学。”思路嗫嚅着说。

妈妈立刻意识到自己犯了个错误，便把思路领回家。

灯光下，母女相对而谈。

妈妈向思路承认了自己的错误，思路也做了检讨。

妈妈语重心长地说：“妈妈希望你永远是个诚实的孩子，因为说谎话损失的是一个人的人格。路路也希望妈妈是个以理服人而又十分慈爱的家长，而不是一个武断的独裁者。今天我们都做了一件错事，我们也都知道错了，让它成为最后一次，今后再也不让类似的事情发生了。路路，你说好吗？”

思路感动得泪水在小脸上刷刷地流着，妈妈用手帕把那泪水一行行擦干。

母女二人拉了拉钩，都把这件事牢牢地记在了心里，让它成为再不会重演的历史。

诚实是可贵的品质，妈妈希望思路是个诚实的孩子，盛怒之下，惩罚了思路，虽有些不近人情，却给思路留下了难忘的印象。而妈妈一时失去理智，又阻碍了母女之间的情感交流。妈妈勇于承认错误，特别是一位大学老师向一个 10 岁的女儿承认错误，如果没有胆识和爱心，是很难如此去做的。也许正因如此，她们母女间才能互相信任，互相关爱。

诚实的品质，终于结出了诚实的果实。

思路上小学的时候，暑假里看到一个电脑班的招生广告，说结业考试时会奖励获得全优的学生一台电脑。她希望能得到一台电脑，就报名参加了。思路学习格外认真，成绩也十分突出。结业考试时，她成竹在胸，认为电脑非她莫属。虽然是开卷考试，但她规定自己闭卷考试，她要借此测试自己的真实水平。她把其他的题目都做完了，而第一题中关于世界上第一台电脑是哪一年生产的，却怎么也想不起来了。她明明知道答案就在书的第一页，她的书就放在桌子上，其他的同学都在翻书抄写着，但她最终没有把书打开。她回到家后对妈妈说：“今天我本来可以抱一台电脑回来的。”但是她又说，“我就是不愿意翻书看，看了就不是真本事了。”妈妈不由得笑了。以前，她多次告诫思路，考试作弊，其实就是偷东西。所以，不管在任何场合，都要求思路不要去作弊。结果在开卷考试时，思路还是记住了妈妈的话，不会的不能去看书。

初中一次作文考试，题目是“英雄无价”，是一个给材料作文。主要内容是说，一位解放军战士坐长途汽车路过河边时，正巧有一个人落入水中。他便从车上下来，奋不顾身地把落水者救上岸来。被救的人感激万分，非要给这位战士1000元钱表示答谢不可。他收了100元。作文要求学生在下文中写出收下这100元的合理的理由。结果，同学们大都写成这个战士收了100元钱后，捐给了希望工程。思路也有过这个想法，但很快便否定了。因为这个战士救人的目的并不是用他人的钱去捐助希望工程，他完全可以用自己的钱去资助失学儿童。事情的发展，要符合人物的思想性格，也要符合事物发展的规律。所以思路所写的内容是，由于汽车已走，行李还在车上，自己身无分文，要返回部队，十分困难，所以他决定收下这100元，去买返程的车票，到部队后再把钱寄给这个人。考试成绩出来了，思路得分不高，据说主要原因是立意不高。但是，她要尊重事实，即便为此付出代价也心甘情愿。

思路的诚实与认真，构成了她人格魅力的一个重要组成部分。她是可信的，也是磊落的。带着这种品质走向社会，她会赢来诚实，获得信任，和他人处好关系，将工作做得很好。

“功夫在诗外”的学习指导

几乎所有的家长都关注自己孩子学习成绩的优劣，可是，是让孩子死啃课本，陷入题海战术之中，还是培养孩子自我学习的本领以及良好的学习心态，恐怕是高下不同的两种“关注”形态。苏轼在《题西林壁》中有这样的诗句：“不识庐山真面目，只缘身在此山中。”低层次的学习指导，关注的只是“山中”风景，所以总是看不到山的“真面目”。高层次的学习指导，却可以在“横看成岭侧成峰”中领略山中的无限风光。王晶对黄思路的学习指导，没有囿于课本本身，而是从更高的层面，开阔思路的视野，让她从“功夫在诗外”中感受学习的从容与快乐。

一、创设学好英语的家庭氛围

妈妈教思路学英语的起步之早，恐怕在全国都是为数不多的。

在思路刚刚来到世上的那一刹那间，妈妈就对她说了第一句英语："Don't cry（别哭）！"

从那以后，爸爸妈妈便每天给思路讲英语，他们相信这是幼儿学习英语的一种有效方式。思路睡觉前，爸爸一遍又一遍地给她讲英语故事，小家伙一双黑色的眼睛闪着光彩，渐渐习惯了这种睡前"讲座"。妈妈认为，孩子的潜力无穷无尽，孩子对语言的感知力从一出生就有了。她坚持认为，这种最初的外语教学将产生神奇的效果。

思路 6 个月时，妈妈喂她吃米糊。由于米糊太干，她吃了两口之后，便紧咬牙齿不再开口了。这时候，妈妈舀了一勺水，说道："Water（水）！"小思路就马上张开了嘴。为了验证，妈妈又试了多次，只要不说"Water"，思路是绝对不张嘴的。英语教学有了第一次的胜利，妈妈高兴得不亦乐乎。

为了给思路营造学习英语的良好环境，妈妈要求只要到家中来的人懂英语，一律对思路讲英语。当时到思路家来的人多是父母的同学与学生，都会说英语，都遵守妈妈的"教学原则"。结果，小思路对英语了解得愈来愈多，反而偶尔有人对她讲起汉语时，她倒有些害怕，有时甚至会哭起来。

思路牙牙学语的时候，妈妈开始教思路唱儿歌："Star light，star bright，first star I see tonight…（星星亮，星星亮，今晚我见到第一颗星……）"

小思路伶牙俐齿，跟着妈妈唱起来；不久，她便自己摇头晃脑地唱起来。

妈妈好一阵兴奋。

外婆有点担心了，如此下去，思路不会说汉语可怎么办？

妈妈说，学习语言的关键是环境，一到幼儿园，思路便很快会说汉语了。的确如妈妈所言，思路到幼儿园不久，便与小伙伴们说起汉语来。不过，对英语的热爱之情，却自此再也割舍不下。她的英语水平在学校一直名列前茅。凡有讲英语故事的比赛，只要她一出场，就会产生一定的“轰动效应”。

1989 年，在福州市英语节目比赛中，思路代表福州市第一幼儿园用英语讲的《小红母鸡的故事》，得分高于许多小学代表队，获得二等奖。上小学时，思路又在全省技能大赛的英语项目中获得了高分。

父母对思路讲英语，却从来不直接“教”她学英语，不给她辅导课文，更不给她加课。家里的录音机常常播放英文歌曲，到了周末，父母则与思路一块儿看英语电影，而且都是父母看后选出的好片子。像《音乐之声》这样的内容健康、情节感人、格调高雅、语言纯正的片子，思路自幼就喜欢，而且百看不厌，不仅将其中的英语对话记得滚瓜烂熟，就连歌曲也唱得入情入景、极有韵味。妈妈将家里的电脑联上了网，鼓励思路用英语上网查资料、发邮件等。就这样，在不知不觉中，思路轻松愉快地学会了英语，并且爱上了英语。

现在，思路不仅可以用英语与父母对话，而且可以与外国人对话，还交了几个美国朋友呢！

每一个妈妈都觉得自己的孩子聪明，许多妈妈却不知道，自己的孩子其实比她们知道的还要聪明得多。只要认真地去挖掘，就能找到孩子身上巨大的宝藏，那里面蕴藏着丰富的聪明才智。思路学习外语的事例就证明了这么一个道理。其实何止外语，其他学问也都是可以在孩子很小的时候教给他们的。不要认为他们连话也不会说，不要认为他们还过于幼稚，其实，这时候他们所学到的知识、所增长的才智，将影响他们一生。

二、在生活中学习课本知识

一天晚上，思路一边看书，一边将剥开的橘子一瓣一瓣地往嘴里塞。

“哎哟！”她惊叫一声。原来，橘汁浸入了手上的一个伤口，她立刻感到像针扎般疼痛。

“忍着点儿，一会儿就好了。”妈妈不在意地说道。

“妈妈同学！”她大喊一声。每逢有问题讨论时，思路总是这样称呼妈妈。

妈妈刚走到思路面前，她便手舞足蹈地说：“新发现啊，我想起化学课上学过的酸碱中和的知识，刚才把手往茶水里一泡，伤口一点儿也不疼了。”

妈妈见她把手伸进茶杯里又拿出来，也产生了兴趣。

“我再试一试，”思路把橘子汁涂在伤口上，惊讶地喊道，“咦，这回怎么不疼了？”

“大概是指头上的茶水在起作用吧！”妈妈巧妙地启发思路。

思路赶忙拿来化学课本，兴致勃勃地翻看着，并向妈妈讲解这一部分的内容，还说想在家里建一个化学实验室。

妈妈趁热打铁地对思路说：“在课堂上学的东西，如果在生活中又经历过，或者在生活中检验过，就可以印象深，记得牢。所以，你在平时生活中要认真观察，从中寻找课本知识，便可以达到举一反三的学习效果。”

“OK，妈妈同学！”思路马上接受了妈妈的建议。

“其实，好多生活中的现象与课本知识有着联系。”妈妈继续说，“前两天你在报纸上看到山西朔州假酒案的时候，就联系到了甲醇、乙醇的知识，这是在化学课上学的；在看《焦点访谈》时，又了解到国有企业的一些现状，帮助你理解了政治课上学的时事内容；你去北京的时候，带着全国地图，途经江西、浙江、山东、河北等省，就直观地复习了这几个省的地理和气候，这是地理课的内容；你自己到银行存款、取款，自己计算利息，这又是在做数学题；去郊游时，观察大自然，去采访时，观察人们的言谈举止，这些都对你写好作文起了重要的作用……”

“课本知识真是无处不在啊，本小姐注意了。”思路兴高采烈地对妈妈说。

教育孩子学习课本知识，变“死”为“活”，从课本走向生活，再从生活还原到课本，且在轻松愉悦中让孩子学到知识，真可谓一举多得。我们说，教学是一门艺术，引导孩子学好课本知识也是一门艺术。

三、淡化分数与奖励

思路 10 岁时的一次期末考试，数学得了 79 分。当她将成绩单拿到家里时，妈妈十分生气，一向成绩很好的女儿，为何此次“败走麦城”？妈妈正想问个究竟时，思路一头扑到妈妈怀里，呜呜地哭了起来。妈妈突然明白了：此时女儿心里已十分难受，如果再批评一番，无异于雪上加霜。

妈妈笑着拍拍思路的小脑袋：“别哭了，路路，考砸了不见得是坏事，这样你的心理负担反而轻了，努力一把，下次超过 79 分易如反掌。而如果考了 100 分，想进步可就比登天还难了！”

思路虽得到了一些精神上的安慰，但仍然伤心地哭着，如此低分，刺伤了她的自尊心。

妈妈擦干思路的泪水，温和而诚恳地说：“考了 79 分就哭成这个样子，未免太丢人了。人的一生，总有成功与失败，不怕跌倒，就怕跌倒了爬不起来。我们的古人就说过，失败是成功的母亲！咱们现在就找一找失败的原因，看问题出在哪里，然后对症下药，转败为胜。79 分小姐，你意下如何？”

思路见妈妈说得既诙谐有趣，又在情在理，于是抹干眼泪，认认真真地与妈妈一道分析起来。原来，思路在做每一道题时都格外认真，做得比较慢，到最后一道应用题时，离考试结束只有几分钟了。她心里一急，脑中一片茫然，就什么也想不出来了。

这时候，妈妈一针见血地指出了问题的症结："据我分析，这里有两个问题：一是你做题的速度太慢，但这只是表面现象，你对每道计算题都那么不放心，说明你计算不够熟练；另一个问题是你的应用题没有过关。你再想想，有什么办法能解决这两个问题?"

"我知道了，我们老师总说'熟能生巧'，我对计算结果没有把握，说明平时练习做得不够。最后的应用题没做出来，说明应用题是我的薄弱环节。妈妈，我有办法了，今后我每天做计算题的时候，给自己限制时间，这就能解决第一个问题；另外，再给自己多布置一些应用题，以解决第二个问题。"

"这就对了，我们不能白吃这次亏呀，利用它来改变自己的学习方法，这不就把坏事变成好事了吗?"

此后思路改变了学习方法，数学成绩便大大提高了。更有趣的是，她后来迷恋上了数学，感到它奇妙无穷，甚至还想着要上一所理科大学呢。

其实，孩子考试成绩不好而要家长签字时，一般都是惴惴不安的。家长要理解此时此刻孩子的心情，少一些批评，多一些关爱，不应计较分数的高低，而应看看孩子在平时的学习中是否努力了，应该分析孩子为什么考得不好，关注造成这一结果的过程，找出原因，因势利导，这才是提高孩子成绩的好办法。

妈妈认为，只有家长把分数看淡了，孩子才能够没有负担地自觉进行学习。所以思路考得不好时，从不会为了掩盖分数而撒谎，更不会心惊胆战地待到天黑不敢回家。思路的作业全是自己检查，她既当学生，又当家长。在她检查之后，妈妈便放心地在上面签上“已检查”三个字。隔一段时间，想了解她的学习情况时，妈妈便在思路熟睡之后拿出她的作业看一看。思路在家长那里，获得的是充分的信任，而由此形成的，是独立完成作业的好习惯。

一次考试前，老师布置了几个作文题目，要求学生认真写好作文再经老师修改之后背下来，以应付即将进行的考试。妈妈对此坚决反对，并告诉思路：“如果这样做了，也许这次成绩可以好一些，但不能保证每次都好。如果每次考前都猜题，那就永远写不好作文。再说，如果这次因为没背诵准备好的作文而考不出好成绩，妈妈也绝不认为你是个写作水平差的孩子。”妈妈说，分数是次要的，学好写作才是主要的。她支持思路课外扩大阅读量，自己看了好作品也推荐给思路读，甚至自己读给思路听。事实上，思路的写作水平已经很不错，她的许多作品已经发表，而且其间不乏美文佳作。

思路成绩差了，妈妈不惩罚；成绩好了，也不奖励。思路3岁学琴时，妈妈便明确地告诉她，学好钢琴是自己的事，弹不好老师会批评，弹好了老师会表扬，家长的批评与奖励，其实是画蛇添足。妈妈担心思路为了奖励去学习，思路对此也能坦然面对。一次，她考得特别好，突然像想起什么似的说：“妈妈，你怎么不奖励我呀?”妈妈半开玩笑地说：“哦，表扬。”思路会意地笑了。这是思路向妈妈“索要”的唯一一次奖励，妈妈则用“表扬”二字有趣地搪塞了女儿的要求。

妈妈不是舍不得给思路买奖品，也不是不具备买奖品的条件，而是有意地不把成绩与物质利益挂钩，从而让女儿重视追求知识，轻视名利。思路领回奖状时，妈妈由衷地向她表示祝贺，然后把奖状收起来，在电脑里登记上所获奖项与获奖时间。所以，即使思路得知被评上“全国十佳少先队员”的消息时，正在做作业的她也只是笑一笑，继续学习。第二天，她在自己的卧室的门上贴出了自己的座右铭："淡泊以明志，宁静以致远。"

不着眼于孩子考分的高低，淡化分数在孩子心里的分量，使孩子面对考分时拥有轻松的心情与积极的心态，这是我们从思路妈妈那里获得的一个启示。淡化不等于不管，从考分中分析出成功或失败的原因，与孩子共同研究产生这一结果的过程，从而促使孩子调整学习的态度与方法，走向一个新的层面，这又是思路妈妈给我们的另一个启示。孩子具备了良好的心态，掌握了科学的学习方法，对以后的学习，乃至于未来的工作，都可以起到良好的促进作用。

生活上严格要求

不少家长在关爱孩子的时候，将关注的焦点更多地投向了对其生活的呵护。可是，"过犹不及"，太多的生活关照，往往使孩子在享受中失去了对父母的孝敬之心，影响了其相应品质的形成。其实，现在的孩子大多并不缺少物质营养及其他必需品，缺失的是艰苦朴素的意识与奋斗不息的精神。在生活上，王晶对黄思路的要求甚至有点严苛，可是，严苛的背后是大爱之水的汩汩流动，以及在思路心中定格而成的一种精神追求。

一、在吃上不能由着孩子

对思路良好意志品质的培养，始于她出生后的第一天。由于思路早产 20 天，她比一般婴儿都能睡，到了吃奶的时间，只吃几口就又睡着了。结果不到一个小时便又醒来，饿得哭声不断。妈妈看着瘦小羸弱、嗷嗷待哺的女儿，不由得一阵心疼，但是并不立即给她奶吃。妈妈从女儿出生起就要养成她在吃方面的良好习惯。妈妈搅拌一点儿糖水，喂她几口，然后躺在她的身旁，任凭其号啕不止，也不予理睬。规定时间到了，小生命才可以如饥似渴地吸吮奶汁，一次吃饱。如此反复多次之后，思路调节了自己的行为。不到三个小时后的哺乳时间，即便挨着妈妈，她也绝不哭闹着要吃奶了。妈妈向她明确地传递了一个信息：哭闹是解决不了问题的。于是，她不仅吃不上奶不哭了，在其他时间和场合也不爱哭了。

思路成了一个文静的小女孩，不撒娇，不哭闹。有一次，她高烧不止，吃什么吐什么，脸色通红，十分难受，但她闭着双眼，一声不吭。奶奶见她整整一夜一动不动，甚至以为她已停止了呼吸。

一岁的时候，思路不喜欢吃青菜，吃了就从嘴里吐出来。妈妈认为，孩子需要多方面的营养，尤其是青菜。但对这么小的孩子讲道理显然是行不通的，所以只好喂了吐，吐了再喂，直到她咽下去为止。久而久之，妈妈让她吃什么，她就吃什么，养成了不挑食的好习惯。

妈妈认为，在吃上不能由着孩子。她还教育思路，在生活上要俭朴，尤其是不要在吃上讲究，吃饱喝足就行了。思路每天中午在学校吃饭，妈妈每月只给她60元的生活费。她十分节俭，还从中扣些钱，放在自己的“小金库”里，捐给经济困难的同学。

思路与同学们一块儿去野外活动，她的一位伙伴发现了一个秘密：每次思路外出活动，带的都是壶装的白开水，于是要给思路的妈妈写封公开信，强烈要求对思路不要过于苛刻。是啊，同行的人都带着好吃的、好喝的，而思路却还在生活的“贫困线”上挣扎，同学们岂能不同仇敌忾？所以这位同学一提议，立即得到了其他人的响应。但这时思路说话了：“怎么了？喝白开水不一样解渴吗?”她莞尔一笑，拧开壶盖，将脸一仰，咕咚咕咚喝了几大口水。然后用手将嘴一抹，拧上壶盖，甜美地笑着说：“真好喝啊!”伙伴们也不由得笑起来，笑过之后，敬佩之情也油然而生。现在不少家长在吃上对孩子百般关照，甚至自己不吃不喝也要让孩子吃好喝好。这不是真正地关心孩子，一般动物也知道将觅来的食物送到幼崽儿的嘴里。这种动物之爱，在人类那里应当升华到一个新的境界，而不是在满足孩子的吃这个低层次上徘徊。从发展的眼光看，家长一定要在思想、心理、智能等多方面给孩子关照，使我们未来的一代真正走向成功的未来。

二、把吃苦当作家常便饭

乔迁新居，买了台空调，安在了妈妈的屋子里，却只为思路安了台电扇。

思路觉得待遇不公，对此提出意见，别的同学是妈妈屋里安电扇孩子屋里安空调，而且自己每天还要练琴呢！

“别的同学屋里安空调，并不能说明你也应该啊！”妈妈驳回思路的“上诉”，不容置疑地维持“原判”，而且“振振有词”地说出了一大堆理由，“妈妈小时候连电扇都没有，住在密不透风的小阁楼里，大夏天睡觉时，满身是汗，起床时，席子上竟留下一个被汗水浸湿的完整人形。”

“那时候没有条件嘛！现在生活富裕了，完全买得起空调，何必要我一个人受苦呢！”思路继续寻找抗议的理由。

妈妈仍然寸步不让：“妈妈小时候没用空调，现在才能受得了没有空调的热。现在妈妈屋里安空调，是因为有电脑。如果你这么小就享受空调的待遇，并形成习惯，以后大了没有空调就受不了了。大学里没有空调，以后工作的单位与宿舍也不一定有空调啊！”

思路常听不少同学谈起父母对他们的百般宠爱，再看看一直要求自己受苦再受苦的妈妈，不禁潸然泪下：“妈妈，你总是要我喝白开水，加点糖都说太娇气，而别的孩子喝的是饮料，吃的是冰糕。我 3 岁时坐你的自行车，后座上本来还有一个小垫子，你却为了让我吃苦受罪，拿去垫子，让我直接坐硬邦邦的铁后座，坐在上面一个多小时的时间，滋味真不好受；而别的妈妈是在孩子原先的座位上再加上一个柔软的棉垫。再说上钢琴课吧，路途那么远，别的孩子要么有专车接送，要么坐出租车；你却连公共汽车都不许我坐，只让我骑车去，把我累得精疲力竭，连句安慰的话也没有！妈妈，这是不是太不公平了？”

妈妈也知道思路比一般孩子受的苦多得多，记得思路 3 岁的时候父母带她进山远足，道路难行，途中思路累得气喘吁吁，但是父母就是不抱她，坚持让她自己走，累了就休息一会儿，休息后继续爬山。整整一天，思路跟在父母后面，兴致勃勃，竟渐渐地忘记了劳累。妈妈就是要让思路从小多受些苦，并从中获取教益。所以，为了爱孩子，为了她的未来，现在妈妈也没有因女儿的哭诉而改变初衷。她说：“喝惯了白开水，白开水和饮料都能喝；而喝惯了饮料的人，却不一定喝得下白开水。坐惯了硬车座，什么样的椅子都可以坐。你的同学现在也许非常舒服，但以后遇到了困难，要他吃苦的时候，他就难以适应。平平淡淡的食堂饭菜吃不惯，没有空调的宿舍睡不香，硬硬的教室座位难以适应，如此一来，大学的生活怎么过？到了工作单位后又该怎么办？要是派你到一个艰苦的环境去工作，不做逃兵才怪呢！小时候多吃些苦，长大以后可以适应一切生活环境，甚至可以成就你的一番事业！”

妈妈没有说服思路，她抹着眼泪走进了自己的房间。

妈妈悄悄地走进思路的屋里，把《安徒生童话》放在了床头边，书签夹在了《豌豆公主》那一页。

然后，妈妈将钢琴放在有空调的房间，让她练琴时舒服些。就这样，双方都做了些妥协。

4 年后再搬新家，一下子买了两台空调。

“4 个房间 3 台空调，全给你们用吧，我有个电扇就行了。”思路说，“钢琴也搬到我自己的房间里吧。我不当豌豆公主，在 20 层被子下面放一颗豌豆竟然一整夜睡不着觉。”

“你不怕热吗？”妈妈试探着问。

“不怕，习惯了！”

她真的不怕热，她已经习惯了。

思路习惯了受苦，也习惯了接受妈妈的教育。妈妈没有将她送到一度流行的“吃苦夏令营”去接受时髦的短期训练，而是从小让她把吃苦当作家常便饭，使其“身在苦中不知苦”。经过这些吃苦训练，思路的身体素质逐渐增强，能耐高温，能走远路。她的心理素质也逐渐提高了，不论处境多么艰难，她总是快快乐乐的；每当遇到挫折时，她说“胜败乃兵家常事”。她经常参加各类社会活动，学习各种本领，但并没有影响到正常的学习，她照样可以出色地完成学习任务。如果没有持久的耐力与乐观的心态，这是难以想象的。

三、要有正确的审美观

一天，班上一位同学穿了一件雪白的半透明的“班尼路”雨衣，休闲式样，有两个口袋，给人以时髦而潇洒、飘逸而俊秀的感觉。思路挡不住诱惑，想在考试之后也买一件靓一回。思路一贯钟情于白色，如果穿上“班尼路”，一定光彩照人。思路征求妈妈的意见。

“好吧！”妈妈说，“反正用你自己的钱，你就自己决定吧。不过，花 90 元买一件雨衣，是否太贵了点？再说，那种雨衣好穿吗？”

“妈妈真是一语中的！这种雨衣只是上衣，下雨时遮不住全身。所以那位同学穿时，外面又套了一件两元钱的塑料雨衣。”思路说着，也忍俊不禁。

美与实用有时是统一的，有时又是矛盾的。而且美与周围环境息息相关。妈妈认为，一件衣服漂亮与否，还要看是不是与周围的环境和谐一致。艳阳高照，披一件时髦的白色雨衣，其美未必被人认可；而下雨天穿两件雨衣，又给人不伦不类的感觉。

思路对此也颇有同感，不时地点头称道。

妈妈认为，穿衣的人也是一个环境因素。有的衣服别人穿上十分漂亮，自己穿上却未必好看。一些美的衣服、首饰，我们可以称赞它，但不一定要去买它，更不一定要去用它。

思路附和道："言之成理。古玩店里有很多古董，未必都要买下来才能欣赏。"

妈妈说："我的职业是教师，为人师表，穿着要庄重大方，不能过于引人注意，否则上课会分散学生的注意力。作为学生嘛，还是以穿学生服为宜。"

"反对！"思路大声抗议，"只要有一个中学生同意妈妈的观点，我就承认自己的观点是错的。"

妈妈依然温和地微笑着，却滔滔不绝地讲起道理："打个比方吧，商店里有 100 件衣服，都十分漂亮，但只有一件适合我穿。当然，我只有去买那一件。我只花一件衣服的钱，却可以欣赏到其他 99 件衣服的美丽；而穿那 99 件衣服的人，也从我这里感受到另一种美。这种赏心悦目的感受，使我对美的追求达到最完美的境界，也使我对美的享受达到最高的境界。"

思路知道妈妈言之有理，感情上却难以接受："生活中的我还是愿意花钱买衣服让别人'赏心悦目'。"

不过，谈话结束时，思路还是俏皮地一笑："那件雨衣嘛，我还是不买了吧，阳光下穿雨衣确实有点傻。"

母女二人的对话，真可谓意蕴悠长。其间有思想上的问题，也有美学上的问题。一方面，妈妈认为花 90 元钱买一件雨衣是一种荒唐之举，它暴露了目前中学生对时髦的一种盲目模仿倾向。但妈妈没有以一个家长的身份去教训女儿，也没有对女儿的这一想法给予简单的否定，而是在巧妙的启发诱导中，让女儿自己做出正确的抉择。这种教育，不着痕迹，水到渠成，真可谓棋高一着。另一方面，女孩爱美，乃人之天性；美丽的思路爱美，更在情理之中。但如何界定和欣赏美，却是仁者见仁，智者见智。妈妈通过这样一件小事，教育女儿如何去审视美、追求美，便见出其独到之处。其实，审美教育对中学生至关重要，一些学校忽视了这一问题，一些家长缺乏审美的眼光，抑或不太关注这个问题，所以中学生的审美观往往会出现偏差。一个人的审美品位高，其气质修养便不同凡响。妈妈在培养思路良好品德之时，也没有忘记对她的审美能力的培养。

孩子生命成长启示录

王晶教育黄思路的观念与方法，确有其独到之处，留给我们很多的思考，也给我们很多的启发。

一、家庭作为孩子生活的乐园和情感陶冶的港湾，是靠父母的日常言行和思想情感营造的

家教不是说教，不是指令，它需要正确的观念、积极的心态，它应该形成一种良好的环境、和谐的氛围，这样才能进行有效的交流，实现心灵的沟通。家长的日常言行与活动，以及父母之间的关系与交流，对孩子的心理与行为会产生很大的影响。这种非强制性的教育，看似“不教”，其实却起着真正的教育作用。

二、要积极大胆地培养孩子的自主意识与独立精神

目前一些家长往往喜欢包揽一切，过度溺爱孩子，导致了孩子对家长的过分依赖，泯灭了孩子的参与意识与创造精神。

其实，充分相信孩子，放手让他们在家庭中、社会上做一些力所能及的事情，是有利于他们实现自身的价值，形成他们应有的自主意识与独立精神的。如此做了，就会取得一个又一个的成功，孩子就会给家长一个又一个的惊喜。而从这些成功中，孩子获得了自信，从而更加大胆地去闯属于自己的世界。这种良性循环，有助于培养孩子良好的心理品质，也有助于培养孩子独立行事的能力。

三、家庭教育要淡化结果，关注过程

孩子追求结果无可厚非，但是要想摘食硕果，必须付诸实实在在的行动，这行动，便是过程。好的结果可以给人以鼓舞，但有时也会让人产生功利思想。让孩子在过程上下功夫，淡化结果，不因有了结果而裹足不前，不因没有结果而垂头丧气。如此坚持下去，结果往往不求自得。诚如思路的妈妈所言：“过程是美丽的，结果是自然的。”

"千手观音"黄思路

——一位全国十佳少年的风景

位于第四届"全国十佳少先队员"榜首的风云人物叫黄思路，人们对她的总体评价是"品学兼优，全面发展"。后因另一位"全国十佳少先队员"华卉的赠言，黄思路"千手观音"的美誉便不胫而走，风靡中小学校园，成为许多中小学生的偶像。

思路称自己只是一个普通的女孩。确确实实，在她身上有着一般学生的普普通通的行为与品质，但那都是净化了的良好行为与美好品质。也许正因如此，她才使莘莘学子心向往之。同时，思路又有其独具的特色与品格。但是，这些特色与品格，经过精心培养与不懈努力，是可以形成的。所以，她又使意欲前行、攀缘而上的中小学生在佩服景仰的同时，去努力地学习，认真地效仿。

思路的典型意义，思路的独特景观，便不再是空中楼阁，而是具有了丰饶的土壤与坚实的基础。

但思路毕竟是个谜。既然普普通通，为什么样样都学，样样都神？既然独具风采，为什么又自称再普通不过了呢？

思路两次前来山东，我与她相处 20 多天；今年再下福州，又对思路专门做采访。接触愈多，采访愈深入，愈感到思路的丰富与不凡，思路确是一道风景，一道色彩斑斓、美不胜收的风景。

爱心：宽广博大

思路3岁前是跟着父母在山区度过的，善良而淳厚的山民，将原始的质朴与天然的友善不着痕迹地灌注到思路的心田。小小的思路与农家稚童和谐相处，情同手足。她常常把很多小朋友带到家里玩耍。这些学校附近的小孩子，有养猪放羊人家的，也有种菜人家的，还有旁边小工厂里人家的。只要他们一进门，思路便会马上打开橱门，将所有的糖果拿出来，分发到一双双沾着泥土的小手上。当时，思路家的经济条件不好，父母省吃俭用买些糖果，是专门留给思路吃的，他们从来不敢享用。有一次，妈妈说："路路，香蕉就这么多了，吃了就没有了。"思路十分爽快地说："我不吃了！"看着小伙伴们狼吞虎咽地将最后一根香蕉吃掉，一个个高兴得手舞足蹈的样子，思路的小脸上便露出甜美的笑容，她扬着小手送这些小朋友时，又向他们进行诚挚的邀请了。有时，思路还会带一些素不相识的农家小孩到家中做客，请他们吃饭，与他们一块儿玩玩具。有时思路也随父母走进乡村，步入陌生的农家院落。这时候，思路便十分自然地将带去的饼干分给那些朴素而友好的农村孩子。她很快与他们打成一片，犹如久别重逢的老朋友一样，又说又笑，无拘无束。

思路进了幼儿园后，又有了一批新朋友，她与他们十分投机，玩得特别开心。她喜欢幼儿园，更喜欢这些小朋友。不过，与她合睡一张床的小女孩经常用指甲掐思路的小腿，把她的小腿都掐破了。思路怕惊动老师与小朋友，只好强忍着。一天，妈妈发现了思路腿上的伤痕，惊问原因。思路却说："她不是有意的，她睡不着，是故意跟我闹着玩的。"妈妈要她告诉老师，以便中止这种行为。但思路害怕老师知道后会批评这位小朋友，也担心这位小朋友的爸爸妈妈知道后会骂这位小朋友。她决定不将此事告诉老师，于是，思路的小腿上几乎每天都留有几道伤痕。妈妈认为这不是长久之策，决定去找思路的老师，要求给她调换床位。可是思路不同意，说："下一次我也掐她一下，她知道有多疼，就不会再掐我了。"后来，思路真的掐了那个小女孩一次，小女孩知道了掐人小腿原来竟是如此的疼，就再也没有去掐思路。思路与这个小女孩后来成了朋友，直到上了高中，两个人每每谈起此事还大笑不止呢！

思路与同学们的友情，成了她的一笔精神财富。在家里，一谈起同学们，她便眉飞色舞，手舞足蹈。即便有些调皮的孩子伤害了思路，她也毫不介意。小学时与思路同桌的一个男生，常常无端地将思路气哭，有一次甚至挥舞着小刀，差点将她刺伤。妈妈担心思路的安全，还去找过老师。可是，思路说他不是故意的，只不过调皮些，他其实很可爱。直到现在，有时她还学着他的憨样，逗得全家人捧腹大笑。她描述同学时，最后总要添上一句评语："好可爱哟！"每天放学回家，她总是十分愉快地和家人谈论同学间的趣事，并说哪一个同学又"可爱"了。

一天，思路放学回到家里，一放下书包，便急匆匆地告诉妈妈，下午上化学课时，自己突然犯了胃病，疼得满头大汗。

妈妈十分担心，问她是否去过医院，现在怎么样了。

思路说："没有，可是比去医院还要好，胃疼很快就止住了。"

原来，思路平时对同学们十分友好，她的同桌刚说了一句"思路胃疼"，坐在第一排的一位同学便快速将自己带来的一瓶胃药向后传来；传到第三排时，一位同学又加上了盛着热水的保温杯，连药一起放在了思路的桌上。吃了药后，两个同学便要送思路回家，其他同学马上说："不要让她骑车了，打出租车！"思路不想回家，只想暂时休息一下，这两个同学便把她送到学校的休息室里，用几张椅子临时拼成一张"床"，安置思路躺下后，又飞快地返回教室拿来外衣，为思路盖上。然后从书包里拿出一本书，放在思路的手边，说是胃不疼时可以看一看。一下课，又有一批同学跑来探问病情，并问她是否需要帮助。思路的胃很快不疼了，激动的泪水却悄悄滑落下来，

思路十分动情地说："妈妈，你不知道，同学们待我太好了，令我太感动了！我们班真的好温馨啊！"

妈妈十分欣慰地说："我真为你高兴，这说明你们班同学之间的关系十分融洽，同时也看出你平时也一定对他们很不错！"

"是啊，平时同学们生了病，我也是这样对待他们的！"思路会心地笑了。

人际关系就像一面镜子，你对它微笑，它就对你微笑；你对它敌视，它也对你敌视。你对身边的人如何，从他们对你的态度上便可一目了然。思路始终对着同学们微笑，为自己营造了一个宽松和谐的环境，所以也便得到了同学们的微笑与帮助。

思路上小学一年级时，隔壁幼儿园的一位小朋友得了白血病，学校号召大家为他捐款。多数同学捐的都是两三元，思路却要捐 150 元，相当于妈妈一个月的工资。妈妈与她商量，能否少捐点，几十元也可以。思路感到很吃惊，像看陌生人一样看着妈妈。一向扶危济贫的妈妈，怎么变得这样小气了呢？在她看来，与治病要花的钱相比，150 元少得可怜。妈妈没有再反对，那个生病的孩子需要钱，自己的女儿需要学会爱，这笔钱花得值。当思路拿出这 150 元捐款的时候，她像平时交学费一样，十分自然。

1998 年为抗洪救灾捐款，思路又捐了 200 元，但她请求老师不要公布她捐的数额，也不要表扬她，因为这都是她最应该做的事情。

这些年来，思路把各种奖金、奖学金、稿酬都记在电脑的记账本上。她已经向贫困的孩子与老人捐出了一万多元。她一直默默地捐助着几个孩子上学，每个学期开学前，她都悄悄地赶到银行取款，又匆匆地赶到邮局汇款。这种爱心与善举，对其一生都是一笔宝贵的精神财富，是超越万元钱款的无价之宝。

思路接受过许多记者的采访，每逢他们问她帮助别人有何想法时，一向快言快语且思维敏捷的思路，却怎么也回答不上来。因为她什么也没有想，她习惯了这样去做：自己困难时，尽量自己解决；别人困难时，千方百计地帮忙。

思路常常跟着妈妈，骑一个多小时的车子，到山里一家盲人院去探望那些素不相识的盲人，给他们送去温暖与爱心。

福州北郊有个儿童村，那里住着70多个孤儿。得知这一消息后，她们母女便决定骑车前去看望那些孩子。因为路途较远，加上路很难走，车子坏了三次，但此行思路的收获是前所未有的。那些孩子诚挚地欢迎思路母女的到来，思路也将自己的100元稿酬捐给了儿童村。时值冬日，思路发现孤儿们收到的捐赠的衣服不少，但鞋袜少得可怜。思路一回到学校，便写了一份题为“冬天就要到了，我的脚好冷”的倡议书，她还召集大队部扩大会议，让所有的大队委和与会人员在倡议书上签了名。她把打印出来的几十份倡议书贴到各个教室后，第二天就收到了200多双鞋子和700多双袜子。那天她忙到很晚才回到家，见到妈妈的第一句话便是：“一派丰收景象！”第二天，思路决定将这些鞋袜送到儿童村去。但由于汽车小，只有一半的同学可以坐车，其余的同学需要骑自行车去。按规定，女生坐车，男生骑车。思路考虑到那段路十分难走，虽然自己还生着病，但她执意要骑车为男生带路。在近两个小时的路上，思路忘了自己是女孩子，也忘了自己是个病人，与男生一样，骑得飞快，路边洒下了他们一阵阵愉快的歌声和笑声，惊得一群群小鸟倏然飞起。同学们到了儿童村，送上鞋袜，便与孤儿们欢快地打起了腰鼓，愉快地玩在了一起。直到很晚，他们才踏上回程之路。妈妈认为思路一到家肯定会累得马上倒在床上，哪知她却哼着小曲踏进大门，笑着讲起这次儿童村之行，竟一点儿也没有感到累。

此后，思路便与儿童村结下了不解之缘。再后来，儿童村迁到了离思路家只有两公里的地方，思路更是每周都去，星期六与星期天干脆就住在儿童村，与孤儿们一块儿下地干活，一块儿说笑话、讲故事，并教孤儿们学英语、电脑与钢琴。她离不开那群孤儿，那群孤儿也离不开思路。

初三的时候，思路的学习任务越来越重，但她依然去孤儿村，依然融入那群孤儿里。我真担心影响了思路的升学考试成绩，尽管她的成绩一直非常突出。我只好给儿童村的村长胡曼莉打去电话，让她劝阻思路，在这非常时期少去几次儿童村。

1997 年暑假，我们山东教育社与《齐鲁晚报》、山东教育电视台请来了胡曼莉与她的孩子们。几十个孩子从南国福州风尘仆仆地赶到了齐鲁大地，参加了一次意义深远的“绿荫”夏令营活动。思路因学校有节目未能随行，但节目演完之后，她便独自一人赶到山东，与这些孤儿一起踏上了“绿荫”夏令营活动的征程。思路依然与孤儿们吃住在一起，思路是他们的好姐姐、好朋友，与他们形影不离，情同手足。那份亲情与美好，给山东的人们留下了一份难以忘怀的美好记忆。

在“绿荫”夏令营活动半年前，我还策划了一个“全国十佳少年齐鲁行”活动，“全国十佳少先队员”黄思路、孙岩、车亮、孟娜及其家长专程到山东一些地方，讲述他们的动人事迹，将“十佳精神”播撒到齐鲁大地上。此前，思路收到过山东许多学生的来信，其中一个叫程美丽的女孩，就在这次活动的第一站滨州。那里有个还不富足的阳信县，阳信县有个西程子坞村，是一个比较贫穷的小村庄，在一个由茅舍旧屋构成的院落里，住着程美丽与她的父母和弟弟。

思路要去看看程美丽，这是一个与思路有书信往来但从未谋面的失学女孩。程美丽迫于生活上的压力，已经打工做了保姆。得知这一情况后，我们也都一块儿去了。程美丽得知思路要去的消息，彻夜未眠，她一针一线亲手钩织而成的白色手帕，承载了太多的感激之情与深厚友情。她含着泪水将手帕送给思路，也流着泪水与思路拥抱。思路打开随行的箱子，将衣物、文具等送给美丽，并取出500元钱交给程美丽，让这个失学的女孩去圆那个上学的美梦。思路哭了，程美丽和她的妈妈也哭了，在场的人都哭了。一份真情，一片爱心，就在这个穷困的院落里似溪水般汩汩流淌，流进每一个人的心里。

1999年春节后，我专程去福州，再次采访思路时，与一位面色黝黑、身强力壮的山东青年不期而遇。他原是莱芜一个中学毕业后在家务农的孩子，名叫逯红星，他自幼父母双亡，与孤苦伶仃的奶奶相依为命。不料奶奶又去世了，他只好中止了高中的学习生活。在家干了几个月农活，实在无法维持下去了，他便循着思路回信的地址，只身来到思路的家。他没有勇气请思路帮他找份工作，他又确确实实是想到这里来碰碰运气的。思路收到过他的两封书信，电脑里有这个孩子的“档案”。怎么办呢？以前遇到过不少有困难前来求助的人，思路捐出了许多钱，也回过不少信。但也有借机欺诈者，思路上过当，也付出过不小的代价。不过，这个孩子友善中透出质朴。思路与父母决定帮助他，思路的爸爸帮他联系了一家印刷厂。这个孩子成了那里的一名优秀工人。今天，他是抽空来思路家学习电脑的。依然带着羞涩，依然言语不多，但一提起他在福州落脚的事，他的眼里便贮满了泪水：“是思路和她的家人给了我新生与希望，我一辈子也报答不了他们的恩情。”一行热泪在他那黝黑的脸上无声地流淌，令我十分感动。

那天我们共进晚餐，他正坐在我对面，突然间，他情不自禁地偷偷笑了起来，搞得我莫名其妙。他一边说着“对不起”，一边看看思路的全家人说：“人家都说我掉到蜜罐子里啦！”原来，这里成了他的家，他可以随时到这里吃饭、洗澡、学电脑，农村人的淳厚质朴与思路全家人的善良单纯，早已悄悄地融合在一起。

思路说：“我们应当友善地对待他人，我们也应当真心地去爱人们。对人友善使我感到欣慰，付出爱使我感到愉快。”

说完，思路明亮的眸子一闪，便匆忙到电脑旁去回复全国各地的来信了。

看着那排了长长一队、永远回复不完的书信，总感到思路这个女孩爱心绵长，似滚滚不尽的江河，永远流淌，流淌着美，也流淌着爱。

这种爱心向着更多的地方、更多的人不断地延伸，然后又升华成一种爱国精神、一种民族精神。

1998年，思路随代表团到台湾时，同行的团员在桃园机场留影，要以国民党的青天白日旗做背景，请思路帮忙拍照。一向微笑待人、温和优雅的思路，突然收敛起笑容，严肃地斥责道：“你们怎么连最基本的道理都不懂！”然后毅然离开，留下尴尬的团员们在那里思考。

思路并非不爱台湾，那是中国的领土，那里有自己的同胞，但是，在一个中国的思维框架里，思路的心中只有一面迎风招展的五星红旗。

思路有一个很要好的朋友，名叫麦可田，是在出演电视剧《闪光的年华》时结交的挚友。他的爸爸是美国人，妈妈是台湾人。他们俩谈天说地，恰似一对形影不离的姐弟。不过，一天，两个人发生了激烈的争吵，原来两个孩子就一个中国还是两个中国的问题各执己见。一气之下，思路说："我不理你了，你也不要再叫我大姐姐了！"过了好一会儿，那个小男孩才怯生生地走到思路面前，乞求思路说："大姐姐，就是一个中国，咱们俩还是好朋友好吗？"思路伸出双手，又恢复了往日的温和与微笑，与这个小男孩的手紧紧地握在了一起。

1999 年，办理好去美国爱斯本音乐学校的手续之后，思路做的第一件事便是去商店买了一面国旗与一枚国徽。她要把这面国旗插在美国学校的宿舍里，她要戴着中国国徽走在美国的土地上，她要让美国人知道她是一个中国人，她为自己是一个中国学生而骄傲。

她在日记中写道："我特别崇尚正义的事业，所以喜欢当警察、记者、法官，总之做个好人。我要对天下的小朋友说的话是'我是中国人，我永远爱自己的祖国'。"

柔弱的女孩，有钢铁般的誓言，也有钢铁般的性格，这使我不得不再次审视面前的思路，温和优雅中透射出一种耀眼的刚强。

钢琴：艺术精湛

1989 年 6 月的一天，中央电视台在播放福建省的"和声钢琴音乐会"，开场的是 18 台钢琴大联奏《白色的旋律》。在活泼热烈的序曲中出现了字幕："今天参加演出的都是在全国或全省少儿钢琴比赛中获得一、二等奖的选手，年龄最大的 14 岁，最小的只有 6 岁。"这个年龄最小的表演者就是黄思路，在大哥哥大姐姐们向观众鞠躬谢幕时，她正钻到钢琴下面去搬自己垫脚的小凳子。当他们已经起身离开时，她才急急忙忙钻出来，朝观众胡乱地点点头，抱着小凳子一溜小跑地向后台奔去。

思路3岁开始练琴时便对它产生了浓厚的兴趣，那时她必须用一个大枕头垫在屁股下，双手才可以够得着琴键。庞然大物般的钢琴与矮小瘦弱的思路，形成了鲜明的对比。

没过多久，老师发现这个3岁女孩有着不同寻常的自理能力与自控能力。她自己来自己走，自己记自己练，作业完成得特别好，弹钢琴的水平也直线上升。

那时，思路家里没有钢琴，平时只好到爸爸学校的大礼堂里去练琴，那里有一架黑色的钢琴。爸爸和她轮流着练琴，轮流着休息。爸爸休息时看着她练琴，思路休息时就在礼堂的舞台上玩。尽管有些寂寞，但思路是一个很乖的孩子，每天都能陪爸爸长时间地练琴。

4岁时，思路初露锋芒，作为年龄最小的选手，第一次参加了市里的钢琴比赛，得了个鼓励奖。第二年再度参赛时，她仍是年龄最小的选手，荣获三等奖。当时，福建省正在筹备三年一届的钢琴比赛。厦门是著名的钢琴之乡；福州也聚集了最好的钢琴老师，并且请来了上海音乐学院的副院长李名强先生为选手们进行赛前指导。李先生是钢琴界名流，曾在国际上拿过大奖，能在他的指导下练琴，当然是千载难逢的好机会。当时的选手都是一、二等奖获得者，思路是不“入流”的，作为备用选手参加了培训。不料李先生上了几节课后，对思路给予了很高的评价。最后确定选手时，福州市根据李先生的意见，破例让思路参加了比赛。随后，省级钢琴比赛便在厦门拉开帷幕。作为年龄最小的参赛选手，思路过关斩将，获得了第二名，出人意料地成为一匹“黑马”，引起了人们的关注。此后，省、市级大大小小的钢琴比赛，思路都是场场参加，不是获得一等奖就是获得二等奖。黄思路，在福建省钢琴界占有了一个位置。

5岁时，思路开始师从福建师范大学音乐系的陈懿德教授。这是一位个性极强的老太太，虽然已 70 多岁，但神采奕奕，对学生的关爱与严厉都到了无以复加的地步。琴弹不好，她会连学生家长一块儿狠狠地批评；弹得好呢，她便又给水果又送点心。小小年纪的思路，在陈教授的严格训练下，琴艺大有长进，这令陈教授喜上心头，眉开眼笑。

1992 年夏天，思路考入福建省社会音乐学院附属业余学校。从此，便归于声名赫赫的菲律宾华侨指挥家蔡继锟教授的名下，继续在陈懿德教授的指导下练琴。

真可谓名师出高徒，思路的琴艺突飞猛进。1993 年，10 岁的思路第一次参加钢琴考级，便稳稳地过了八级。

9 岁那年，思路随福州市代表团去北京参加全国沿海开放城市改革开放成果展览会，会上思路再次与她的老搭档"哈曼尼"钢琴合作。在宽敞明亮的展厅里，那架黑色的大三角钢琴与小女孩思路备受人们的关注，那流淌着美妙旋律的琴声，令听众掌声雷动。

表演完毕，几位和蔼可亲的爷爷走到思路面前，其中一位俯下身子，笑眯眯地看了一会儿，然后拍拍思路的脑袋说："小丫头，钢琴弹得真好！"

"谢谢爷爷的夸奖！"思路稚声稚气地说。

他们一走，记者便蜂拥而上，纷纷问思路："刚才宋平爷爷对你说了些什么？"这时思路才知道刚才来的是几位中央首长，还有乔石、李岚清爷爷呢。

在北京半个多月的时间里，她离开父母，独立地走到一个广阔的空间里，外面的世界竟是如此精彩，首都北京竟是如此壮丽！她的视野突然开阔了，她与许多人谈话、交友，并从他们那里获得友谊、学得知识。一向腼腆羞涩的小女孩，每天与来自全国各地的人一起工作，一起感受新的事物。一向文静乖巧的思路，从北京返回福州后，变得调皮风趣、爱说爱笑，多了一些“野性”，一种乐观的精神，一种积极向上、勇往直前的精神。

还在小学就读的思路，钢琴便过了十级。这时候，思路的后面已经跟了一大批师弟师妹。叔叔阿姨常常指着思路对他们说：“要好好向思路姐姐学习。”当年背着大枕头去学钢琴的三岁琴童，十年寒窗结下了硕果，已经成了新学子们的学习楷模。

思路并未就此止步，而是通过钢琴走向一个更加广阔的空间。她又考取了福州市中学生交响乐团。乐团给思路的第一个任务就是钢琴协奏曲《黄河》中第四乐章《保卫黄河》的钢琴独奏。《黄河》是著名钢琴家殷承宗弹奏的名曲，行家们听了都摇头说：“小姑娘弹奏《黄河》？不可思议！”意欲表现黄河那一泻千里、汹涌澎湃的激情，没有健壮的体魄与一双有力的大手，谈何容易！

时值炽日炎炎的盛夏，福州的每一个角落都蒸腾着滚滚的热浪。每当指挥一说“下面排《黄河》”时，全乐团的人都会大叫：“苦啊！”而担任主角的思路，其艰苦更是可想而知。每弹一遍下来，都是大汗淋漓，气喘吁吁，汗水模糊了双眼。思路左手手腕上起了一个小包，医生说，那是腱鞘囊肿，与手腕用力不当有关，钢琴老师则告诉思路，那是职业病。

一个月之后，思路与乐团的70多位管弦演奏人员一起，演奏了气势磅礴的《保卫黄河》。那天，思路秀美的脸上，露出志在必得的神情。洁白的衬衫，配上黑色的领结与黑色的裙子，显得英姿飒爽。演出一开始，思路便投入那激情澎湃的乐章中，娴熟的手法与激动的心弦天衣无缝地合而为一，个体的弹奏与群体的乐声水乳交融地浑然一体。掌声如潮，叫好声也席卷而来。此时的思路，在美不胜收地品尝苦尽甘来的感受时，也为集体力量的博大与合作精神的张扬而激动。

“你想不想考艺校或音乐学院附中？长大以后，想不想当钢琴家?”关切的询问接踵而来。

但思路学钢琴不是为了当钢琴家，因为那将意味着她要付出全部的精力和时间来练琴。她还有太多的爱好不能割舍，她很珍惜她的好友、第四届“全国十佳少先队员”华卉给她的赠言：“思路，你真是个‘千手观音’!”

“千手观音”黄思路在学练钢琴之外，还学会了舞蹈、电脑、无线电、表演、游泳、溜冰、射击、羽毛球、口琴、吉他、架子鼓等。她的英语水平更是非同一般，还在小学阶段时，她便可以从容地与美国小朋友进行交流。她在福建电视台主持节目时，活泼中不乏深意，从容中透射出优雅，所以颇受观众欢迎与喜爱。

钢琴演奏给思路带来了许多意想不到的收获，她对钢琴的情感始终难以割舍。学习累了，弹一首曲子，愉悦美感驱赶走劳顿疲倦；朋友光临，用钢琴给他们送去最美好的祝福；学校举办活动，思路用钢琴传递出美好的旋律，也传递出对老师的敬爱和对同学的友爱；两次山东之行，在不同的学校，思路用钢琴弹奏出一个“全国十佳少先队员”对齐鲁大地的一片深情。

1997年暑假，作为福州市中学生代表团的主要成员，思路随团访问日本。行前思路左手摔脱臼了，所以，到日本时，只好吊着胳膊，忍着疼痛，坚持练琴。但在日本友人面前，要展示中国学生的精湛琴艺，要体现出中国学生的精神风貌，思路决定表演钢琴独奏。

日本冲绳演奏大厅里，日本中学生及其他友人屏息静观，思路致礼后在钢琴前安然坐下。迫不得已，只好请一位中国学生为思路抬着受伤的左臂，进行一场特殊的表演。

琴声响起，肖邦的《幻想即兴曲》在思路的一双手下，激荡出动人心扉的美。

难以置信，这是受伤的中国女中学生之手弹奏出的如此美妙的乐章!

掌声淹没了大厅，受伤之手的剧烈疼痛早已被坚定的信念所驱散。

一位当地的教育官员拨开人群，走到思路面前，紧紧握住思路的手，感慨万分地说：“你将是中国最坚强的钢琴家!”

一股民族自豪感在思路心中升腾，她为自己练就了一手钢琴艺术而自豪，她更为自己是一个中国人而骄傲。

思路的日本之行，为中日友好谱写了一曲华美的乐章。

1999 年春节过后，我去福州采访思路，元宵佳节时与思路全家共进晚餐。这时候，她已是福州第一中学的高一学生了。

饭后，思路着一身洁白的服装，优雅从容地走到钢琴前专门为我这个远方的来客弹奏了一曲《节日舞》。欢快的节奏，顺着从窗外洒下的一缕月光，将这流动着愉快、美好、友情与和谐的琴声，撒进我和思路全家人的心里，给我以超然物外的美感与难以言状的愉悦。

钢琴艺术，经由思路的心声与双手，原来竟有着如此巨大的魅力。

思路考取了美国爱斯本音乐学校，并获得了全额奖学金。只身一人在异国他乡，对思路来说是一种全新的生活，也是一种全新的考验，一个展示才华的千载难逢的良机。

节目：从容自若

1997 年春暖花开的季节，福建少儿电视台。

精神焕发的男孩，打扮漂亮的女孩，在父母的簇拥下，将在这里一展风采，他们都是来报考电视台的记者与主持人的。特别是主持人报考者，人数之多更是出乎人们的意料。

电视台的人们在翻着报名簿——

“黄思路怎么没报名?”电视台的一位老师不由得一惊。

“快打电话叫她来！”几乎是异口同声。黄思路的赫赫大名，早已在少儿台占有了一个稳固的位置。

思路是放下作业匆匆赶来的。朴素的服装，平静的笑容，显示出一种特有的质朴与自然。

但那一脸的自信，那从容不迫的举止，那妙语连珠的口齿，一下子令应考者刮目相看。

“给思路一道最难的题考考！”电视台的小刘笑着说。

几乎是不假思索的对答如流。

举座皆惊。

“我只做记者，不做主持人。”思路此言一出，又一次令人们惊讶不已。如此靓丽的女孩，只要以主持人的身份在电视上一露面，便会给观众一种特殊的美感。况且，对所有报考者来说，这可是一件美差啊！

但思路只想默默地工作，不想走上前台引人注目。

可是录取告示一下，思路竟是记者与主持人双双榜上有名，而且主持人的号码是0001，被毋庸置疑地排在了第一位。

1997年暑期，在富有意义的山东之行中，思路编辑了一个电视片《“绿荫”活动在山东》，在福建少儿台播出后，引起反响，获得奖励。

首战告捷，思路又开始了新的征程，给电视观众带来一个又一个惊喜。

她做主持人，从容，自然，口若悬河，左右逢源。

她从少儿台的“小主人论坛”，到福建电视台周末版的“校园频道”节目，都主持得很有品位，独具个性。

但思路升入高一后，遇到了一个难题。

班主任久闻思路的大名，没想到她竟成了自己班上的学生，他在感到自豪的同时，也把班长的重担压在了思路的肩上。

周三下午需要到电视台主持节目，可周三下午还要开班会。

电视节目的录制由台里统一安排，时间不可变更；担任班长的思路，不能不开班会。这是一个两难的选择。

“鱼和熊掌不可得兼”，思路放弃了电视节目主持人的工作。

思路有一个行事的宗旨：校外与校内的活动产生矛盾时，服从于校内；集体与个人的活动产生矛盾时，服从于集体。

她希望自己是一个最最普通的孩子，并融入普普通通的学生中。

1997 年暑假，她婉拒香港之邀与中华绿荫村的孤儿在山东活动；现在，也只好辞去电视台的工作，一心一意地开好班会。

这令电视台的人们大惑不解，而她的同学还没一个知道的呢。

但思路就是这么一个既普通又不凡的女孩。

“校园频道”节目没有了思路的谈笑风生，也失去了一道令观众百看不厌的风景。

电视台只好改用自荐主持人的形式，每周一换，然而电视画面依然没有往日的风采。

思路的班主任是一个极有个性与头脑的年轻人，决定采取一个新的措施。

1999 年新学期伊始，班长得竞争上岗，思路不再竞争该职位。

这位班主任认为，思路是年级段学生会主席、校学生会副主席、福州市学联副主席，相比一个班级的班长，理应舍小而取大。对一个班级工作负责，与在电视上为全省的教育尽职，也应当舍小而取大。

思路再次到福建电视台周末版主持"校园频道"节目。

往日风采依旧，思路又上一层楼。

每次思路一到电视台，便马上化妆。化妆完毕，立即赶做作业。电视台的人一叫她，她才抬头道："哦，到我了。"作业一放，迅速地看一遍台词，便过目不忘，一次成功。

没有压力，没有做作，没有准备，一切都那么自然，那么从容。

小时候，思路就和她的表弟自作主张地报名参加了一个影视表演班，在那里学了一些表演的基本功，学绕口令，扮演各种各样的人物、动物，甚至假扮道具。她感到十分快乐。汇报演出时，表弟由于年龄小，只扮演了一个烧水的煤气灶，嘴里突突冒着气。思路由于成绩突出，主演了一个小品，并得到了好评。后来，思路又被推荐到一个剧组去演了一个角色。被评为"全国十佳少先队员"后，她居然在两集电视剧中当了主演，而且主人公就是她自己。现在学校里拍戏，她总是导演，奇招不断，很受欢迎。

可见，思路走上电视荧幕，已经具有了水到渠成之势。特别是她走南闯北，历经许多艰辛，也获得过许多荣誉，在大的场合接受记者采访，总是有问必答，具有良好的心理素质，使她主持节目时总是笑对观众，轻松自如。她读书多，见识广，对教育又情有独钟，所以，主持这类节目时有一种如鱼得水的从容，而且她工作效率极高。由于能讲流畅标准的普通话，有过目不忘的记忆力，有口念前一句、眼观下一句的独特本事，所以思路在电视节目主持人中脱颖而出，备受人们关注。

作品：丰富多彩

思路 10 多万字的《远行的小路》的书稿就放在我的案头，我已经不止一次地去翻阅它、审视它、欣赏它。那清新自然的文字中，有绚丽的思想火花的迸射，也有真挚情感的自然流淌。无论是写人还是记事，说明还是议论，绘景还是想象，都有着独特的视角、丰富的内容，都给人以美感。其格调之高、观察之细、感情之真、选材之好、语言之美，都令人在惊讶之余心生感佩。

思路在写作上的丰收，足可与钢琴、外语等方面所取得的成绩并驾齐驱，同放光彩。

作品的格调，往往反映出作者的思想境界。思路作品的高格调，体现出她美好的品质与特有的修养。先让我们看一看她的一篇短文《赢得起，也输得起，那才是强者！》——

> 在学习中，首先要有强烈的竞争意识。一个没有竞争意识的人，就没有上进心，在将来激烈竞争的社会里就很难立足。我们不但要保持一种拼搏进取的精神，还要具有“大将风度”，能以一颗平常心来对待成功与失败。我觉得，我们现在是否考上重点中学并不是衡量成功与失败的唯一标准，我们不应该有“胜者为王，败者为寇”的思想。考100分就得意忘形的人跟考不及格就哭哭啼啼的人一样都是弱者，假如有一天他没考上大学，他就有可能离家出走甚至自杀。让我们热情地参与竞争，让我们冷静地面对成功与失败，让我们积极地调整自己的步伐，让我们潇洒地走向自己的目标。赢得起，也输得起，那才是强者！

文中既有思路对竞争意识的追索，也有其健康心态的折射。成功了不得意忘形，失败了不一蹶不振，以一颗平常心对待成功与失败，那才是真正的强者。其文字一气呵成，有大气磅礴之势。事实上，这便是思路真实的写照，她取得过太多的成功，也获得过太多的荣誉；她经历了太多的波折，也有过失败的感受。但思路以胜不骄、败不馁的心态，不断地向着更高的目标迈进。文中传达出来的思想，给人以鼓舞与积极的心理暗示，令读者也感受到这种思考与心境，也向着美好的境界行进。

在以美国为首的北约公然袭击我国驻南斯拉夫联盟大使馆后，思路义愤填膺，奋笔疾书，写下了演讲稿《21 世纪的天空》，对以美国为首的北约的公然挑衅表达了极大的愤慨与抗议；同时，她又是理智的，她希望我们的国家更强大，更繁荣，巍然屹立于世界民族之林——

我们在义愤填膺之余更应该看到，要想立足于21世纪的强国之林，我们首先要壮大我们的国力。我们昂首挺胸，扬眉吐气，好好地站着，就没有人敢欺负我们。大家也应该知道，祖国在下一个世纪的命运就掌握在我们这一代人的手里，因为我们将毕业于新世纪曙光初现之时，于是“好好学习”就被赋予了新的内容。但愿在下一个世纪，无论身在大国、强国还是小国、弱国，无论你的皮肤、眼睛、头发是什么颜色，无论你说的是哪一种语言，都能够平等地生活在同一片蔚蓝的天空下。蓝色象征着和平，21 世纪天空下的的世界，应该是一样的蔚蓝，不应该有的地方晴空万里、阳光灿烂，有的地方却是乌云密布、电闪雷鸣。21 世纪的天空属于全世界热爱和平、维护和平的人们。中国要更加强大，更加繁荣，中国人民要更加勇敢，更加有骨气，才能在新的世纪里拥有整片整片纯净蔚蓝的天空。

思路对“好好学习”的诠释，对祖国强大与世界和平的向往与希冀，都通过慷慨激昂的文字，有力地向读者昭示出来。一个十几岁的女孩，为国分忧，也为国承担起历史的重任。从她那里，我们看到了21世纪的曙光，看到了美好的未来。

思路对事物的观察之细绝非一般，她有着新闻记者的特殊敏感性，只要一瞥一触，她便把这种物象植入自己的心中，并可以迅速地转换为文字。她与另外9位“全国十佳少先队员”在北京相聚的短短四天里，便描写出了每个人的性格特征，而且惟妙惟肖，活灵活现。她在北京只看见古力下过一次围棋，却将他“着棋”的细节入木三分地描写了出来——

只见他眼睛看也不看，就用右手的食指和中指夹起一枚棋子，接着顺着个漂亮的“弧”儿，先是“叭”的一声，紧跟着“嗒”的一声，棋子整个“着盘”。

古力的动作干净利落，潇洒自如；思路的文笔使之跃然纸上。富有动感的文字，透射出古力的胸有成竹与果断。

中央电视台“大风车”栏目中的“大追踪”播出“全国十佳少先队员”简介时，有包八斤背着书包骑马上学的一个镜头。在电视上倏然而去的包八斤，也许早已被很多观众忘却，但思路从电视屏幕上捕捉到了那个最富特色的瞬间——

他身穿蒙古袍，右手举着马鞭，“啪！啪！”在马屁股上抽了两下，然后“咯噔咯噔”踏着碎步向远处跑去，只留给我一个背影，还有他背上那个左右摇摆的书包。

这段生动的描写，抓住了在内蒙古草原长大的英雄包八斤的特征，将他的勇猛、利索、从容刻画得淋漓尽致且入情入理。我们面前仿佛出现了一望无际的大草原，以及驰骋其上的蒙古族小伙子。而且这种动感有着不动声色的情感投入，紧张的场面扣人心弦，小英雄救人的画外音在这走马中得到了充分的体现。

思路的作品中还有着一种情感美。她是个易动感情的女孩，她把自己的情感熔铸到作品里，也把他人的感情写进作品里，让我们感受到人物的感情跃动，并情不自禁地为之动情。

对于第四届"全国十佳少先队员"在北京的分别，思路有太多的遗憾，也有太多的留恋，短期相聚，结下的感情，在分离到来之际更加激越起来。让我们来看一看他们与孙岩分别时的场面——

> 孙岩先走，送他到火车站的汽车就在门外等他。我们送他到门口。我说："孙岩，你就要走了，给我留句临别赠言吧！"
>
> 孙岩没说话，泪珠顺着他的脸滚下来。有好一阵谁也不敢吭声，接着，我们几个女孩子全都搂在一起，哭作一团。
>
> 孙岩手上的录音机里飘出了歌声："小燕子，穿花衣，年年春天来这里……"

每读至此处，我都会潸然泪下。一群如此天真纯情的学生，在离别时竟是如此悲伤。孙岩在困难面前表现出罕有的坚持，在分别时却难以抑制动情的泪水。如果自己没有被特殊的场面所感动，如果不是自己的感情也在涌动，恐怕思路纵然妙笔生花，也难以写出当时的动人场景。

思路文中所流溢出的感情，大都有一定的思想要义，这使得这种感情有着一种丰富的思想内涵与独具色彩的美。让我们看一看她在《跨世纪人才应该学会什么》一文中的一个片段——

> 来自吉林的“全国十佳少先队员”孙岩同学是个盲童。我们一起去游览时，大家在尽情地欣赏美丽的风景。他什么也看不见，却能以他自己的方式分享我们的快乐：他一只手抱着小录音机，里面不停地播放着美妙的音乐，另一只手里拿着一面小小的国旗。我看到他把国旗贴在脸颊上，用他那双还有微弱光感的盲眼来感觉那鲜艳的红色时，不禁自问：“思路，你对祖国有这份深深的眷恋吗?”朋友们，你们呢？一个爱祖国的人，一定爱祖国的人民，爱自己周围的人。一个人应该充满爱心。

孙岩是一个爱心荡漾的男孩，有着崇高的理想与执着的追求。他爱自己的祖国，爱周围的人们，同时也感动了周围的人们。思路通过孙岩对红旗红色的感觉，自问而又问人。其中的激动之情、爱国之心，都令我们感动不已。

思路写人物，总可以抓住其突出的特征，用符合人物特点的语言，勾勒出人物的独特个性。不管是写与其朝夕相处的父母，还是写素不相识的外地游人，她都可以通过富有个性的人物语言，把人物的音容笑貌展现在我们面前。思路与其他“全国十佳少先队员”在人民大会堂接受中央领导接见时，许多记者抢着给他们拍照，闪光灯不停地闪烁着。他们突然感到有些严肃与紧张，努力装出一副庄重的笑容。让我们看看这时候她是如何写车亮的——

> 车亮做出昏昏沉沉的样子，摇摇晃晃地说：“哎

哟，哪儿是南啊……哪儿是北啊……我怎么觉得眼前都是星星啊……”惹得其余九位“十佳”都忍不住大笑起来。一时间，只见记者们不停地按快门，在那个珍贵的时刻留下了他们最纯真的笑容。

这便是车亮，一个幽默诙谐、机智多谋的车亮。在那一特殊时刻，车亮的神态、语言有力地突出了他的个性特征。我们读了这一段文字后，也不由得笑出声来，笑过之后，又不得不佩服车亮的诙谐与有趣，不得不佩服思路的文笔之美。

车亮的语言的确有特色，与其相处的人往往因他突如其来的妙语连珠而捧腹大笑。1996 年除夕之夜，思路与车亮挂通了电话，她听得出，对方的声音里含着疲劳。思路问他为什么好长时间“音讯杳然”时，请看看车亮的回答——

他“嘿嘿”一笑：“怎么，很久没得到车政委的指示了，是吧?”我又被他逗笑了。

好一个机灵鬼车亮！由于“十佳”在北京相聚时，车亮自封“政委”，所以总要在给其他 9 位“十佳”的赠言中龙飞凤舞地署上“车政委”三个字。几个月过去了，他没有自行辞掉这个“政委”的职务，而是又幽默地要对思路下“指示”了。尽管只有短短一句话，却把车亮的调皮、幽默刻画了出来。

我十分欣赏思路的语言，自然中不乏优美，从容中透出灵气。

1997 年春节刚过，我与思路等人前往“全国十佳少年齐鲁行”的第一站——滨州。我们坐在一辆大篷车上又说又笑，偶尔也向窗外不经意地看上几眼，便又继续我们的说笑了。不久之后，思路将她的《美丽的心愿》一文送到了我的手上，她对鲁北平原的描写竟是如此之美——

小车飞快地向前驶去。我打开车窗，窗外风很大，在南方，即便是冬天，也有郁郁葱葱的大树、绿油油的菜地，公路两边花花绿绿的小楼房千姿百态，远处是没有尽头的连绵起伏的山脉，一年四季到处春意盎然，生机勃勃。而在这寒冷的北方，我看到了另一番景象：路边大大小小的树上没有一片叶子，只留下光秃秃的枝条，立在料峭的寒风中，虽然不见生命的颜色，虽然也在风中微微颤抖，却依然倔强，依然顽强；公路两边的田野那么坦荡，那么广阔，一眼望不到边，远处没有群山挡住我的视线，与天相接的，是无限延伸的田地。

思路采用对比的手法，写出了南北冬日的不同之处。特别是写北方冬天的树木与田野，写出了它的真实，也写出了它的神韵。其间有诗化了的北方人的倔强顽强与坦荡无私，也写出了思路对齐鲁人的感受与敬仰，有一种冲击读者心灵的美感。

思路在《“小毛毛”平平》一文中，描写了3岁女孩“小毛毛”的特点，可谓言简意赅——

她很安静，脸蛋很圆很鼓，眉毛很粗很淡，眼睛很大很黑，嘴巴很小很厚，头上的一对羊角辫很细很翘，她的故事也很苦很惨。

思路在不到50个字的描写中，竟用了13个“很”字，十分传神地写出了“小毛毛”的相貌特色与悲惨经历。这何止是美，而且有妙不可言的精，显示出思路遣词造句的特殊功力。

书信：斑斓多姿

全国各地给思路的来信在房间里排成几条蜿蜒的长队，信上有千奇百怪的问题，有各种各样的要求，那是一个丰富多彩的世界。思路喜欢它，珍惜它，不管学习多么紧张，她总是抽出时间看信、回信，一遍遍地看，一封封地写，而且登记造册，极其认真。打开电脑，里面有这些来信者的所有档案，也有思路的所有回信。从一封又一封的回信中，我更加了解了思路。她的积极向上、平静如水、待人友善、学习认真，是一道独具色彩的风景线。

让我们从不同的层面来看看思路的一些回信片段——

你是不是太悲观了？我参加钢琴比赛，小范围内得一等奖没问题，如果参加国际比赛呢，自然是最后一名啦！这并不说明我退步了，就像《小马过河》的故事一样，河水的深浅并没有变。让我们以平静的心态去接受现实吧。保持一颗平常心，做到"宠辱不惊"，那才是强者……

遇到挫折时，不要把它看得太严重，记住《中国少年报》提出的口号："太好了！"这是培养我们积极向上的心态的一种办法。不论什么事情，都看到它好的一面，积极乐观地去对待它，就更容易些。失败是很有用的一种经历，从中能学到一种坚忍不拔的精神。说一声"太好了"，然后找出问题，克服困难……

你问我怎样战胜困难，我也不知怎么回答，在我眼里没有多少困难，不论什么事情，如果我一定要做，就能做到。碰到挫折时，我并不在意，“胜败乃兵家常事”。保持积极向上的心态，认真找出失败的原因，就能很快调整步伐，取得进步。在学习中碰到困难时，只要你不怕它，绝不认输，就总有办法克服的……

你问我是如何在巨大的荣誉面前保持安宁的，我不知怎么回答。在我看来，这是很正常的一件事，反过来，如果我对荣誉大惊小怪，那才要问一下为什么。从我小时候起，我家的墙上就不贴我的奖状，妈妈既不因为我的成绩给我奖励，也不因为我的失败给我惩罚，只是让我自己去思考其中的得失。所以我把成功和失败都看得比较淡，这样，一旦遇到挫折，也能平静地对待……

思路获得过许多荣誉，有的还是很高的荣誉，但她都可以平静对待，淡然处之。思路遇到过不少困难，遭受过不少挫折，但她都可以泰然处之，处乱不惊。这种宠辱不惊的人格品质，这种胜不骄、败不馁的健康心态，总是使思路转败为胜，总是使她走向更大的成功。

困扰你的英语学习问题也是所有中国学生面临的难题。语言学习是长时间的事，而且，像我们学汉语一样，也需要在生活中练习，要多看课外书，光靠书本上的练习肯定是不够的。今后有机会，你可以看些英语小读物，增强语感。说来说去，语言学习是一个积累的过程，多学，多练，功到自然成。我妈妈常说，学英语的人不要太聪明，要笨一些，老老实实地学，学一点算一点。我学英语条件好，从小学的，所以谈不出什么经验，对我来说，起作用的一是兴趣，二是广泛接触，如天天讲英语，常看英语电视节目，和外国朋友交流等。

你说写作文时感到没有内容可写，我却常常感到生活中有好多好多的事情可写，因为我每遇到一个人、一件事就想：真有意思，又可以写一篇文章了。然后我就想呀想呀，从中想出一个“点”，也就是这件事说明了什么观点，这样写出来就容易了。我的体会是：1. 平时仔细观察；2. 观察后认真思考，脑子里装了很多想法，写文章时就不苦恼了。你要试试吗？

你在椅子上坐不住，那是你对学习的东西不感兴趣，你看电视坐得住吧？我想你首先应该喜欢自己的课本，喜欢老师在课堂上讲的内容，将从电视上看到的、在生活中碰到的事情，都与你所学的知识联系起来。比如说我现在学地理，就总想到全国各地的朋友，收到来信后，又总到地图上找找他们在哪个位置。小学的时候学算术，妈妈就让我自己买菜，自己算菜价……

你问怎样才能不贪玩，我答不上来，因为我自己也很贪玩，但是我在做作业的时候一点也不会想到玩，因为我是全神贯注地学习的，这是我从小养成的习惯。只要态度认真，就能很快做完作业，完成作业后才能玩得开心。如果学习和玩分不清楚，那么两件事都做不好。所以，我的学习效率比较高，花很短的时间，可以做很多事情，而玩的时间也很多……

学习效果的好坏，不仅与学习方法有关，也与学习态度紧密相关。学习是一门科学，所以要有科学的学习方法，而不是盲目无序地学习；学习又是一件需要认真对待的事情，所以态度要端正，不然就难以取得好的效果。思路的学习态度与学习方法，是她在平时的学习生活中积累的重要经验，对正在求学的花季少年，肯定会有很好的启示作用。

你说朋友少了，我想你最好先从自己身上找找原因（总是找别人的错，朋友会更少），比方说自己是不是好相处，是不是有些小心眼儿，是不是有些爱生气……这些小毛病都会导致朋友疏远你。还有，如果班长批评了你而没有批评别人，这有两个可能：一是班长偏心，二是你自己太爱计较。如果班长只批评别人而不批评你，你会不会有意见呢？所以，如果希望自己有很多朋友，就要对自己特别严格，而对别人多些宽容。这样，不但自己的心情好，你身边的朋友心情也好，时间长了，你还能树立威信，朋友都愿意听你的话……

你猜对了，我性格开朗，很爱开玩笑，同学们都喜欢和我玩。我和男同学也挺要好。我们班有个很可爱的男生，每天放学后喜欢和我一起回家，所以其他班的同学常看见我们一起骑车，对此有些小小的议论，我听了没有哭，只是笑笑。同学之间的友情是珍贵的，我和每个同学（当然包括男同学）都很要好，真诚相处，偶尔有些议论也难免，我觉得只要自己心里坦然，举止得体，就不要紧……

和好朋友经常争论不是坏事，只要是真正的朋友，说话都应该开诚布公，意见不合是正常现象。争论以后，如果发现是自己错了，可以诚恳地道歉；如果发现是对方错了，可以当面指出来，这样的朋友才是真朋友。如果做不到真心诚意地对待朋友，那还是不做朋友为好……

我觉得，交朋友的时候就要连朋友的缺点一起接受，因为如果要找一个没有缺点的人交朋友，那就永远也找不到朋友了。如果你认识到了朋友的缺点，又能帮助朋友改正缺点，那你就是一个真正的好朋友……

同学生气了，只要你不生他的气就行了，找个适当的机会打个招呼，谈谈心，让大家都把不愉快的事忘掉。同学之间没什么大不了的矛盾，事情过去了就好了……

结交朋友，与同学们相处，这是一门学问，也反映出一种思想境界。思路的亲身体验与一些劝导性的话语，反映了她良好的心态、高尚的情操与正确的交友方法。坦荡友好地待人，也会得到别人的友情。我们相信，做到了思路所说的这几个方面，处好同学关系肯定不会有什么问题。

你谈到与爸爸妈妈相互之间有些不理解，我不太了解情况，不知说得对不对。从你的来信中可以看出，你的爸爸妈妈对你是非常严格的，而且你们也较少坐在一起交谈。我的爸爸妈妈对我也非常严格，我做错了事会受到严厉的批评，我做对了好像理所当然似的。我考试成绩好，或是得了奖，妈妈从来没有给过我奖励，我说："人家孩子又拿奖金又受表扬的，你怎么连句表扬的话也不说？"妈妈就笑着说两个字："表扬！"但是妈妈常常跟我谈心，我有什么话都愿意说给妈妈听，妈妈也告诉我她的想法，所以我们互相理解，关系非常融洽。你的爸爸妈妈一定也是很爱你的，但是他们可能太忙了，没时间跟你谈心。你毕竟是他们的孩子，心里有什么想法，告诉他们，一定能取得某种共识的。要知道大人有大人的考虑，有些事我们年龄小，也很难理解，同时，他们也不一定能完全理解我们的苦衷。例如，你整天做那么多的习题，其中的苦只有我们这些当学生的才能体会到。最后，我还想告诉你一件事，我收到全国各地的几千封来信，农村来信的学生多数都谈到他们对父母的感激之情，他们的父母送他们上学，就让他们感到非常满足了。很多人说看到父母操劳的身影，他们就偷偷落泪。他们拼命读书，只为了长大后报答父母的恩情。城市里来信的朋友们却很多对父母有意见，与父母相处得不是很好。你愿意想一想这是为什么吗？这是一个挺有趣的现象，如果你有什么想法，不妨来信谈谈……

暑假期间你一定去乡下看你的爸爸妈妈一家了吧？有没有住一段日子呢？你对亲生父母的怨恨、对养父母一家的依恋，我都很理解。但过去的事毕竟已经过去了，希望你尽快从中解脱出来，不要为此闹出一些不愉快。我想你会牢记乡下的一家人对你的恩情和关爱，长大后有机会要报答他们。我不了解你们家的情况，也许说得不对。我觉得你的亲生父母当时把你送走是很可耻的行为（就是送姐姐也不对），后来又要回来，虽说对不起乡下的一家人，但至少他们感到后悔了。为了你的前途着想，他们又重新承担起养育你的责任，这说明他们还是爱你的。当时他们也许有难处，但不管怎么说，出于重男轻女的思想把你送给别人肯定是不对的。我妈妈生我的时候，生怕生下来的是个男孩，因为只能生一个。人家问她怎么把孩子培养得这么好，她总说："因为她是女孩呀，要是男孩，早就把我气死了。"妈妈非常爱女孩，甚至到了"重女轻男"的地步。话说回来，我也很同情你的亲生父母，他们把你送走以后这么多年，还一直牵挂着你，最后还是花了大力气（我相信一定很不容易）把你弄回城里来，他们一定也是为了你的将来，你的养父母一家一定也是为了你的前程才让你回到城里的。他们为你做了很大的牺牲，我看了你的信后非常感动。倩倩，你是个好女孩，相信你慢慢会适应自己的亲生父母的。如果你在这个家里与他们相处不好，时间长了，可能会引起误会，那样对你养父母一家也不好。福州有一个孤儿村，那里的很多孩子都是从小被遗弃的，跟我通信的朋友中有一个是被生父扔到大树下，又被养父捡回来带大的，我觉得她才有理由恨自己狠心的父母。你的父母过了这么多年还想着把你要回来，比起那些父母来，算是很爱你的了。至于当时他们把你送走，千错万错也就是那一个错，天下没有人不做错事的，他们现在想补偿，毕竟是件好事……

从来信看，你是个很关心爸爸妈妈的孩子，你知道他们为了你们几个姐妹上学而操劳，你还注意到了爸爸头上的白发。我想，你一定希望用最好的成绩报答他们。我指的“最好”不是与别人相比，而是自己的“最好”，也就是尽自己最大的努力。你想当为国争光的运动员，这是个很远大的理想，但是还只能从眼前的一点一滴做起，每做一点，就离你的理想近了一步。最后，即使没有到达终点，你也做到了自己的“最好”，就足以为自己感到骄傲了……

你说到小时候曾怪妈妈没文化，不能辅导你学习，还骂了妈妈，我想现在你一定懂事一些了吧？妈妈文化水平低，那不是她的错，她生活在那个年代，没有条件读书，这成为她一辈子的遗憾。现在她能供你上学了，妈妈一定希望你不要像她那样过一辈子，你可别让妈妈失望呀！

从这些书信中，可以看出传统美德的光辉。思路理解、相信、感谢自己的父母，她也希望给她来信的朋友如此。但是，现实中不理解父母的人并不少见，如果读了思路的这些信，他们也许会在思考许久之后，产生某种悔疚之情。哪有父母不爱自己孩子的，只是因为情况不一，所以表现出来的形式也千差万别。我们希望大家能感受到父母之爱，并用实际行动去回报这种爱。

你信上说的事，我觉得你不必放在心上，更不值得为此去死。别人长着嘴，愿意怎么说你是他们的事，你只要自己心里有数就行了。再说，就是真的踩上了死人骨头，吓得搂住了一个男孩子，那也很正常。那天我们班上照相，好几张是男女同学合影的，有几个很要好的同学还搭着肩膀一起照呢，班上同学都在场，并没有人感到不合适，只要是纯真的友情，就没有什么见不得人的。男女同学交往，只要自己不胡思乱想就行了，不论出于什么原因，有人议论也很正常，这无论在哪一所学校都是有的，不要太在意……

从你的信上看，你对自己不满意，周围的环境也让你失望。我觉得你只看到事物不好的一面，却没有看见好的一面，所以容易悲观。其实，再苦的生活当中也有很多很美好的东西，给我来信的很多朋友也生活在非常非常艰难的环境中，但是他们很坚强，很乐观，对生活充满信心。你可以观察一下自己的生活和学习，真的是那么糟吗?

你们班评"三好学生"，你得了 36 票，真是不简单！有几个人没选你，对此你不要太在意，这是很自然的事，算不上嫉妒。就算有人嫉妒也很正常，不要太往心里去。我遇到这种情况时，通常都会一笑了之。自己对自己更加严格，对同学更加宽厚，一般就不容易遭人嫉妒……

当班干部有时难免会受点委屈，但不必太在意，只要你是一心为班级、一心为同学们着想，人家怎么看你都不要紧。越是淡泊，越是宽容，就越容易被同学们所接受……

你是复读生，有些同学可能会对你有些偏见，但是我并不觉得复读生有什么低人一等之处。我的朋友中就有很多复读生，他们学习都特别勤奋，我很钦佩他们。当然，只有自己努力，自尊、自重、自强，才能获得别人的敬重，我想你会知道如何去做的……

花季少年也有自己的困惑与不解，他们愿意向思路倾诉心声，思路也想方设法为他们释疑解惑。从这里所选的几段书信中，可以看出思路的思想境界和处事方法。其间也许有她自己的体验。她很少感到苦恼，她常说，再忙再累，心里也在唱歌。她有乐观向上的人生态度，她有“我能为你做什么”的美好品德，所以坦荡、乐观，不计较小事，多为他人着想。这么一来，困惑少了，快乐多了。

我一共收到你的三封信，按你信上说，在前面好像还有一封，那封我没收到。你的来信对我提出了不少要求：第一封信没收到，不知你要什么；第二封信要我给你寄乐器、少儿英语课本、磁带、钱、学习琴的方法、我和妈妈的照片；第三封信你向我要一本《我的童年》、一副眼镜、我的全家照、儿童村孩子的照片、5～10 个大队长标志、一套校服或大队长服装，还要求我用电脑为你打出两种材料，一种印 50 份，一种印 30 份，再找两三个小伙伴来资助你们；第四封信你是写给我妈妈的，要求她把英语用磁带录下来送给你，还要寄衣服和书报给你。现在我把这些东西都统计出来，不知你看了有什么感想？我平均每天收到50多封信，如果每封信都要我送这么多东西，你说我有没有这么多东西，又有没有这么多的时间呢？你能告诉我该怎么办吗？请你帮我想个办法好吗？还有一点，我很想真诚地对你说一句，在你与别人的交往中，一定要处处为别人着想，问一句"我能为你做些什么"，而不是"你能为我做些什么"。随便向别人要东西不是一个好习惯，一个自强的人是不愿向别人开口的，这样他才有自尊，当他真正有了困难，他的朋友才都愿意帮助他。我8岁的时候到好朋友家玩，口渴极了，也不愿讨一口水喝，就是为了不想麻烦同学的妈妈，宁可坚持整整半天，回到家时才喝了好多水。妈妈见我渴得那么厉害，挺心疼的，她说，以后在同学家喝口水没有关系。可我还是不愿意，再大的困难我也愿意自己克服，不到迫不得已，绝不给别人带来麻烦。还有，当你需要别人帮助的时候，还要考虑一下具体情况。比如眼镜，不知道度数是不能买的；乐器就更难送了，一般一个人不会有两件相同的乐器，自己家里有的肯定自己有用，不用的家里也不会有。希望你记住我的话，任何时候对别人都要多帮助，少索取。帮助别人是一件让我快乐的事，但是我也希望看到一个自立自强的妹妹。

你的这些要求中，这次我只能做到两件：给你一本《我的童年》，再送你一本《她有1000个孩子》，和一张我和儿童村孩子的照片。我非常感谢你对儿童村的关心，也为你热心助人的精神所感动。如果你和你的同学经济上有困难，需要帮助，请你把家庭详细情况告诉我，再把校长的名字和学校电话号码给我，因为我是不能随便到处寄钱的，要通过学校做一系列工作，才能保证把钱用在最需要的地方。30 名需要衣服的山区小朋友，也请你把他们的姓名和学校的详细地址一一告诉我（特别是活动组织者的姓名和单位）。帮助这些小伙伴是好事，我一定会支持的。

……

类似这位同学向思路提出种种要求的人并不少，他们不仅要东西，还要到思路的家里来住，要思路安排工作，甚至带着家长，不经思路同意就赶到福州。但思路并不生气，她理解这些同学，她用道理说服他们。思路的这封回信，结合自己的所作所为，为这位来信的同学上了一堂思想教育课，对人是索取，还是给予，这不仅反映一个人的品质，也反映了一个人为人处世的原则。帮助别人是快乐的，思路从中感受到的，正是这种快乐。

当然，回信的内容还远不止这几个方面，但从这几个方面，我们便可以感受到思路在回信时的负担。许多学生给我来信，要我告诉他们思路的地址与电话，都被我婉言拒绝了。毕竟思路还是个孩子，是个学生，她有繁重的学习任务，有太多的社会活动。面对数量不断增加的来信，思路永远也回不完。但她又是认真的，她还是按计划回复信件，登记排号，绝不中止。这是一个执着的女孩，她要尽自己的努力，去做全国各地中小学生及其他人的朋友。因为在她看来，友谊是美好的，助人是愉快的。

道别时的感受

在福州的采访结束后，与思路道别时，她一如先前穿着一身半新的学生服装，她说完“Bye bye”，眼里便贮满了泪水，再一次伸手握别后，她便骑上自行车，很快消失在如织的自行车车流中。

但思路的形象依然在我的眼前，而且愈来愈清晰。她那优雅的谈吐与美丽的笑容里，有着更加丰富的内涵。一个十几岁的清纯女孩，竟然取得了如此令人赞叹的成绩。这，不能不说是一个奇迹。

寻找这种奇迹产生的原因，恐怕是所有读者的心愿。还是让我们听听思路所谈的吧：“我之所以能做到这些，是因为从小一直受到很严格的个性品质教育，明确树立了爱祖国、爱家乡、爱人民的观念，形成了正直、坚毅、自信、热情、善良的品质。是良好的道德情操、乐观幽默的性格，是自我激励的能力、持之以恒的韧性，是面对困难的勇气、把握情绪的能力，是乐于助人的爱心、善于与人相处的技巧——一句话，是非智力因素在我的成长道路上起了关键的作用，使我得以利用综合素质的优势，顺利地完成每一项任务，初步取得了可喜的成果。”

思路何止是“初步取得了可喜的成果”，而是取得了令人瞩目的成绩。但是她一直非常谦虚，在获得第四届“全国十佳少先队员”与第二届宋庆龄奖学金等荣誉面前，她总是淡然一笑地说：“荣誉属于过去，一切从零开始。”她还在奋斗，而且是在拥有了比以前更加雄厚的基础之后，向着更加高远的目标迈进。我们坚信，过程是艰难的，也是美丽的；而结果，则是辉煌与灿烂的。

沙彦华，18～28岁时作为知识分子，“上山下乡”于吉林省洮儿河农场。28～32岁时在长春市百货公司任现金出纳员。32～35岁时在长春市服装研究所工作，其间在职攻读大专，学习服装设计。学习结业后，开了自己的服装店，声誉颇佳。1997年至2010年，陪孙岩在北京学习。曾于1995年在北京召开的第四届世界妇女大会上荣获“中国母亲”称号。

孙岩，1983年出生于吉林省长春市，3岁学琴，6岁开始登台演出。1993年、1997年、2001年连续三次获得残疾人艺术调演一等奖；1994年在北京工人体育场演奏钢琴协奏曲《黄河》；1995年获得“第四届全国十佳少先队员”称号；1996年获得“中国百名好儿童”称号；1999年被评为“跨世纪杰出英才”，同年应邀赴台湾参加“视障音乐周”，并举办音乐会；2002年与美国著名指挥家莫里斯·佩瑞斯先生和深圳交响乐团成功合作；2003年被评为“全国自强模范”；2004年与指挥家杨力和天津交响乐团举办第一场个人独奏音乐会，同年应邀担任“安徒生200周年诞辰亲善大使”；2005年获得日本横滨第一届国际残疾人钢琴比赛金奖。自2002年以来，已在20多个国家演奏百余场，所到之处，反响强烈。

孙岩于小学、初中阶段都在健全孩子就读的一般学校上学；后又于中央音乐学院附中学习钢琴专业；2003年，升入中央音乐学院，后被保送为该校2007级的研究生。

为盲儿子创造光明的天使

——记行走在永不言败路上的沙彦华

认识沙彦华，始于1997年春节过后的“全国十佳少年齐鲁行”活动。在十几天的行程中，我时时处处可以感受到一位伟大母亲对盲儿子孙岩生命成长的关爱，以及为此所做出的巨大牺牲。当孙岩成为中央音乐学院大四学生的时候，我再次采访沙彦华，更多地了解到近十年来孙岩的成长过程和沙彦华那不寻常的曲折人生，于是，就更加钦佩她的人格与胆识。当这些年孙岩在世界很多国家演出且引起轰动的时候，谁又曾想到，这里面倾注了这位母亲多少心血！

我要把孙岩的一生照料好

“全国十佳少年齐鲁行”活动期间，沙彦华曾很动情地对我说：“我的事业就是孙岩。有时候，我就想，这么一个不健全的孩子，为什么不给别人，偏偏给了我，这是上苍对我的信任，所以我要把这个孩子的一生照料好。”说这些话的时候，有点儿凄婉，更有责任在肩的使命感。当时我特别感动，由此也便拉开了采访她的序幕。

一、小孙岩手术失败后的死亡召唤与凤凰涅槃

1983年4月1日，孙岩出生于吉林省长春市。他长得白白胖胖、结结实实，特别是那双明亮的大眼睛，更是显得活泼可爱。全家人沐浴在愉快与幸福的氛围里。

可是，细心的外婆与奶奶很快便发现，小孙岩的那双眼

睛，对外界竟然没有任何反应。

全家人的快乐顿时烟消云散，立即带着孙岩去医院诊断——孙岩患有先天性白内障！

面对这场突如其来的灾难，沙彦华的精神几乎崩溃了！

这难道是真的？

四处求医，不管花多少钱，都要治好小孙岩的眼睛！

最后，到了北京一家大医院，为3岁的小孙岩做了矫正手术。

可是，当轻轻地取下蒙在小孙岩眼睛上的纱布时，父母顿时惊呆了！原本虽然弱视但还水汪汪的眼睛，现在却全瘪了！

简直是晴天霹雳！

沙彦华感到眼前一片黑暗，所有的生路都被这突如其来的不幸斩断了。她想纵身从高楼上一跃而下，结束自己的生命。整个家庭也紧张起来，不仅是在为小孙岩悲伤，也在担心沙彦华的情绪。

很多天，沙彦华一直在死与活两条路上徘徊着。她在想，如果死了，最需要帮助与呵护的小孙岩由谁来照管？可活下去呢，又没有勇气面对这个不可改变的事实。

处在两难之间的沙彦华每天不吃不喝不睡地抱着小孙岩哭，她的眼泪一滴一滴地滴落在儿子的脸上。不知道为什么，她的眼前不断出现流落街头的盲人、乞丐的形象，这些旋即又与小孙岩的未来联系起来，紧接着如刀绞一般的感觉便直刺她的心脏。

沙彦华的精神支柱垮了。一位原本坚强的母亲，如今只有在生死线上挣扎的一丝力气了。

家人和朋友一次又一次地劝导，时间一天又一天地流逝，使这位精神死亡的母亲重新苏醒了！

“是的，我不能死！”沙彦华斩钉截铁地说。

她冷静了下来。因为如果想让小孙岩以后过得好一点儿，首先自己必须坚强起来；如果说医治孙岩的眼睛还是身体上的问题的话，那么，自己首先要在思想和精神上健康起来。

凤凰涅槃后的沙彦华又恢复了原有的朝气与勇气。不，是有了前所未有的朝气与勇气。

二、她为照料孙岩要了一个“助手”

在孙岩6岁的时候，沙彦华想到需要一个称心如意的“助手”，以便更好地照料孙岩。而这个最好的助手就是自己的女儿，因为她可以和自己一起悉心关照孙岩。

在孙岩7岁那年，上苍圆了沙彦华的梦，一个健全而又漂亮的女儿出世了。她为女儿起名孙全，一个“全”字，不但有健全之意，更有全家人心在一起、全心照料孙岩的深意。直到10年之后，在孙岩的老师杨峻教授的建议下，孙全才更名为孙泉。

孙泉刚一懂事，沙彦华就告诉她：“你千万要记住，你的生命是哥哥的眼睛换来的。以后一定要好好照顾哥哥。”沙彦华教孙泉如何帮助哥哥，小孙泉也心领神会，特别细心地尽着一个妹妹特殊的责任。在“全国十佳少年齐鲁行”活动期间，4岁的小孙泉不但很有礼貌地与我们交谈，而且已经与哥哥形影不离了。她爱她的哥哥，孙岩也爱他的妹妹。她十分乖巧可爱，像姐姐一样担起了照顾孙岩的责任。现在，孙泉正在中央音乐学院附中钢琴专业学习，决定以后考中央音乐学院。她想，她也要与哥哥在共同爱好的专业上走在一起。

三、破例接受身怀六甲的编导采访

沙彦华对孙岩生活上的照料精到又细致，她不希望在已经有了残疾的儿子身上再有任何不好的地方。孙岩理发，她亲自监督与指点，她要让自己的儿子更精神一些。为孙岩所买的秋衣秋裤，全是白色的。她说，他看不见，就不能再让他穿不亮堂的衣服。在她的眼里，孙岩是最完美的。

但是，沙彦华不愿意让人们再提及孙岩手术失败这段伤及心灵深处的经历，她想把它在记忆里渐渐地抹去。不过，沙彦华与孙岩在行进的路上，因有了太多的精彩，也就不胫而走了。于是，一些媒体便前来采访，不过，都被她一一拒绝了。

1995 年，第四届世界妇女大会在北京召开的前夕，全国开展了一个评选“中国母亲”的活动。中央电视台记者专程赶来，为作为吉林省推举的唯一候选人的沙彦华拍一个纪录片。她一如先前地拒绝接待。她说，所有的一切她都不稀罕，她不想再提那些伤心事。孙岩的残疾和由此带来的不幸是她心底最痛楚的一道伤疤。尽管很多伤心事已成为过去，但这道伤疤不是可以随意触碰的。更何况公开向人讲述这些故事，无异于把伤疤撕开了给人看。

电视台的车子每天都会赶到她的楼下。为了不接受采访，她只有等到车走之后再上楼。为此，沙彦华每天都要在外面转悠几个小时。

做节目的编导是一位怀孕 7 个月的女性，她被沙彦华的事迹所感动，认为做这个节目对她和全国的母亲而言意义都非常特殊。于是，她每天挺着大肚子爬上六楼去等沙彦华，一连等了 7 天。她说，什么时候采访成功，什么时候再回去。到第八天，沙彦华终于被她感动，上了楼。一看到那个身怀六甲的编导，她就忍不住哭了，编导也哭了。后来片子做得很成功，沙彦华也荣获了“中国母亲”的称号。

纪录片播出后，在社会上引起了强烈反响。这使沙彦华明白了一个道理——社会对孙岩这样关心，和媒体讲讲他的成长经历是一种责任。她感到孙岩走到今天，已不单是她个人的孩子。她在承担母亲的责任之外，还要承担社会的责任。

让孙岩像正常人一样生活

盲人由于看不见东西，大多失去了正常人的生活能力。孙岩同样是不幸的，可是，因为有一个超越他人的妈妈，他的生活走上了正常人的轨道。

一、让孙岩如正常人一样走路

在与孙岩相处的十几天里，令我感到特别惊奇的是，他几乎没有一点儿盲相。漂亮的墨镜戴在他那英俊的脸上，显得潇洒而又自然。他昂首挺胸地走路，全然如一个正常孩子一样。每到一地住下，只需两三分钟，房间里所有设施的方位便了然于胸；到我们所住的七八个房间一转一问，再行走来，就如走进自己的家里一样熟悉。

孙岩如此神奇的源头还需到沙彦华那里寻找。

孙岩开始学走路的时候，也如其他盲人一样，伸出双臂，担心前面有威胁其安全的障碍物。而且走的是内八字，难看而别扭。这个时候，沙彦华就告诉他："你要像正常人一样走路，你能像正常人一样走路!"她对他说，正常人走路的时候两只手放在下面，两条胳膊自然地摆动着。虽然如此，孙岩毕竟从来没有看到过正常人如何走路，所以他的脑子里没有一个正和直的概念。于是，沙彦华就蹲在地上，用手把着他的双脚，教他像正常人一样摆正，告诉他把腿放松，教着他往直的方向走。走回来的时候，沙彦华又让他蹲在地上摸着她的腿和脚再走。同时，引导着他摇动双臂，像正常人一样摆动。如此反反复复地练，一点点地进步，对此，沙彦华不断地对孙岩进行鼓励与表扬。几个月后，孙岩真的如正常人一样走路了。

其实，开始的时候，孙岩并没有如现在这样走得坦然，总是担心撞到什么东西。沙彦华就告诉他，碰着磕着没有什么，现在被碰着，就是为了以后不再被碰着；现在吃点苦练走路，就是为了以后走好路。干任何事，开头的时候大都会遇到一些波折，但只要坚持下去，就一定能够成功。

小小的孙岩似乎听懂了妈妈的话，不断地点头，照着妈妈的指点，大着胆子走起来。每逢碰着、磕着或摔倒的时候，还没等妈妈来安慰，他就笑着说："没事，妈妈，我重来！"这令沙彦华心里一颤，眼泪不禁夺眶而出。是的，她心疼儿子，同时，她也为孙岩的坚强而感到欣慰。

上小学的时候，孙岩家住六楼，和学校相隔两条胡同、一个闹市，学校的教室又在三楼，他却可以独自来往于这段路程。开大队会时，地点在剧场，学校离剧场有 40 分钟的路程，孙岩从来不让家长接送，和同学们一块儿前去，一块儿回来。1996 年，他主演两集电视剧《假如给我三天光明》，排演的地方离他的家很远，路上要换乘几次车，孙岩都是一个人到排演地，排演完再一个人回来。而有的正常孩子，却需要家长接送。可孙岩一点儿也不攀比，沙彦华一点儿也不遗憾；反而，孙岩与他的妈妈都感到特别自豪。

二、让孙岩与正常人一样做事

学会走路只是第一步，人生的路还很长。如果孙岩没有一定的自理能力，不能和正常人一样做事，他依然和其他残疾人没有太大的差别。沙彦华要教育出一个和正常人一样做事的儿子。

吃饭是生存必需，可孙岩面对饭碗，连嘴唇应该放在什么位置都不知道，就像小猫小狗一样，趴在那里，把整个嘴都放到碗的中间吃，甚至弄得满嘴满脸都是饭。这时，沙彦华就告诉他，这种吃法不行，人不是这样吃饭的，只有小动物才这样吃。一定要把碗端起来，一只手端起碗，一只手拿着筷子，把嘴唇放在碗边上，用筷子把饭扒到嘴里吃。这对正常孩子来说是一件相当容易的事情，可是，对于看不见碗筷的孙岩来说，需要很长时间的练习。沙彦华有的是耐心，她在指导孙岩吃饭的过程中，感受这个小生灵的每一点进步，享受一次又一次的喜悦。结果，孙岩可以和正常人一样吃饭了。他甚至会默默地为妈妈倒上一杯水，或为妈妈端来饭菜。

沙彦华常常对孙岩说，父母总不能跟他一辈子，只要自己能做的事情，就尽量自己做。沙彦华教会他洗红领巾、手帕、袜子等小东西，而且使他养成一种习惯。

孙岩和外婆住在一个房间，每天都要摸索着给外婆铺被子、准备洗脚水。为此，他曾不止一次地弄翻过脸盆、打碎过东西、划破过手指。父母也劝过他："别干了，这些事我们干就可以了。"没想到，他反而问起父母来了："总不干，以后咋办?"

在父母的指导下，孙岩学会了正常人会做的各种事情，沙彦华也一天天地放心了。小孙岩外出演出时，即使沙彦华不在身边，他的生活也完全能够自理，只不过质量稍差些罢了。沙彦华说，她不担心这个，只要他演出成功，思想上没出什么毛病就行。

在某种意义上，沙彦华教会孙岩的不只是如正常人一样生活，还给了他一种积极的心理暗示。那就是，虽然双目失明了，可是通过努力，照样可以拥有正常人的生活，甚至比正常人生活得还精彩。

对孙岩坚韧性格的锻造

沙彦华在倾其全力关照孙岩的时候，并没有一点儿溺爱，相反，对他的要求特别严格。她认为，"小爱"大多停留于物质层面，"大爱"却重在精神与灵魂的锻造。孙岩无坚不摧的性格、坚韧不拔的毅力，就是在这种精神锻造中形成的。于是，他一步一步地走向自立和自强。

一、要他一次必须弹琴300遍

当今孩子学琴虽然已成时尚，可是，由此学成且练就意志品格的却是凤毛麟角。孙岩学琴，获取的便是双向的成功。

孙岩5岁学弹钢琴，沙彦华要求之高超出常规——要他不停地弹上300遍。这对于一个儿童来说，无异于一场精神炼狱。为了达到这个指标，每次弹琴，都由孙岩的外婆在场监督。老人家在桌子上摆上300根火柴，孙岩弹完一遍，她便拿走一根，直到300根火柴拿完为止。300遍一口气弹完，需要几个小时的时间。衣服被汗水浸透了，双手磨出了血泡，沙彦华看在眼里，疼在心里，可是，她并没有因此终止孙岩练琴。

孙岩似乎懂得了妈妈的良苦用心，他不仅不哭，而且连一声苦都不叫。每天几个小时的弹琴，不仅磨炼了他的意志，也训练了他的有意注意力，提升了他的审美品位。

二、刻苦好学的盲孩子成了家长们教育自己孩子的榜样

沙彦华在孙岩很小的时候就有效地启迪了儿子的智慧，从而使其形成了好学乐学的习惯。他的记忆力特别好，无论学什么，基本一点就通。于是，沙彦华决定让孙岩进入正常小学，她相信孙岩的智力水平完全可以适应小学学习；同时，通过进入正常班级，与健全孩子一起学习与生活，可以更好地提高他的社会适应能力。经过努力，长春市一家重点小学在对孙岩进行考核之后，决定接收他并让他直接插班上二年级。不料，此举竟然引起轩然大波。班上学生的家长不同意，认为班里插进一个盲童，自然会分散老师很多精力，势必影响自己孩子的学习。于是，一个家长提议，一呼百应，这个班里的孩子全部罢课，而且声称只要孙岩不走，他们就不上课。有的家长甚至揣测孙岩可能是哪一个重要领导的“孙子”，否则怎么不去残疾人学校却来健全人的学校呢？于是，家长们集合起来，到市政

府门口静坐，抗议说，如果不让孙岩回家去，他们的孩子就不复课。

所有这些，都像一把刀子扎进沙彦华的心里，但她没有退却，她不能让这把刀子再深深地扎进小孙岩的心里。其实，当时小小的孙岩害怕极了，偌大的教室里只有他孤零零一个人，外边还有人喊着让他滚回去的口号。他问妈妈："他们为什么吵闹？为什么让我滚回去？同学们为什么不来上学？"沙彦华擦干眼里的泪水，很平静地对他说出他们这样做的理由，并坚定地告诉他："不要害怕！即使就你一个人，也要来上课。他们现在不理解，以后肯定会理解的！"

事情越闹越大，最后惊动了省、市教委领导。上级专门派人前来调查。事实证明，孙岩并无任何特殊关系。于是，校长就和家长们谈判，达成一个君子协定：两个月内，如果对别的孩子的学习造成影响，就让孙岩离开学校；如果没有，就希望家长们给点爱心，让孙岩也和他们的孩子一样拥有享受平等受教育的权利。

不久，家长们就发现，小孙岩的到来并没有影响到自己孩子的学习，相反，刻苦好学的盲孩子却成了他们教育自己孩子的榜样。两个月过后的期中考试，孙岩成绩排名全年级第一。原本还要轰走孙岩的家长们，现在不但不希望他离开，而且在上学和放学的路上，都嘱咐自己的孩子要与孙岩同行，因为那是对自己孩子进行影响教育的一个好机会。老师更是将孙岩作为同学们学习的典范，让最调皮的孩子和孙岩同桌，等调皮孩子被感化好后再换另一个学生来与孙岩同桌。

沙彦华不只是让孙岩走进了健全孩子的生活圈里，而且由此锤炼了孙岩的意志。在获得大家认可的过程中，孙岩也实现了一次精神的飞跃。

三、理智与勇敢地面对失明的事实

尽管整个社会都提倡尊重残疾人，可是，现实中歧视残疾人的现象仍时有发生。沙彦华不希望任何人对孙岩造成伤害，但她又必须面对一些令她寒心的现实。每逢此时，她所表现出来的理智与勇气，又给了小孙岩以思想的启迪与精神的鼓舞。

一天，和孙岩同桌的女同学突然提出要和别人换个座位，因为她不愿意整天面对一个“瞎子”。对此，孙岩很难受，他有一种被侮辱的感觉。他非常委屈地将此事告诉了妈妈。沙彦华认为，要让孙岩融入正常孩子之中，就要宽容，就要承认现实，就要设身处地地想想别的同学的处境。所以，她平心静气地对孙岩说：“你失明了，同学们看到你，可能有一种别的想法，所以就不愿意接近你，但这并不可怕。时间长了，你主动接近他们，主动帮助他们，就会得到他们的理解和帮助。这需要一个过程。只要你做好了，他们就会进一步了解你，接近你。”孙岩按照妈妈的话去做了。热情开朗的孙岩很快就和同学们打成了一片，成了他们的好朋友与好伙伴。

一天，孙岩到学前班去找妹妹孙泉。忽然，一个和孙泉要好的同学对她说：“你哥哥是个瞎子！”孙岩当时感到很吃惊，心里特别难受。他感到不只是自己受到了侮辱，连他所爱着的妹妹也受到了侮辱。他接受不了这个现实，非常伤心地对妈妈说了这件事。

沙彦华的心里难受至极，可是，她耐心地对儿子说：“事实上，你就是看不见。其实，叫盲人也好，叫瞎子也好，都是一个样。你必须面对这个现实，不要太在意这些。你就是你，你看不见就是看不见，随便他们怎么说都可以。每一个人都有缺陷，每一个人也都有长处；你有不如别人的地方，更有超过别人的地方。所以，任他们怎么说都无所谓，只要你向着优秀的方向发展就可以。”

孙岩对妈妈的话心领神会，他从此变得更加坚强，可以直面现实。而且此后不久，孙岩干脆摘掉了戴了十几年的墨镜。他说："总是用墨镜去掩饰，其实人家也同样知道你是盲人。我不再掩饰，我要用我的优点去弥补我的缺陷，而不是想尽办法去掩饰我的缺陷。"

孙岩不但拥有了勇气，还有了自信，而勇气与自信恰恰是一个人走向成功的必备品质。

为孙岩学琴"上下而求索"

沙彦华是一位既坚韧又有才华的女性，她完全有能力凭着自己的智慧与拼搏为儿子赚很多钱，让他一辈子衣食无忧。但是，她认为，那不是对儿子最大的关怀，充其量只是一种低层次的照顾。她想给儿子一种照亮其一生的精神，让他充满自信而愉快地行走在这个世界上。

一、在还清家里的欠债之后，她办的第一件事就是给孙岩买了一架价值几万元的三角钢琴

为了治好孙岩的眼睛，沙彦华不但花去了家中所有的积蓄，还背上了一笔不小的债务，可是，她仍然认为对不住孙岩，因为没能实现让孙岩看到光明的愿望。

孙岩看不到灿烂的阳光，沙彦华便竭尽全力地让孙岩的心里充满阳光，让他的精神生活多些色彩。所以，在发现孙岩对音乐有一种特殊的敏感之后，她的第一个念头就是，让他感受音乐带来的快乐。她给他买来各种各样有声音的玩具，同时还将家中的老唱片等放给他听。孙岩 3 岁的时候，父母花了一个多月的工资为他买来一架电子琴。孙岩喜出望外，在电子琴上摸来摸去。晚上，沙彦华下班回来，他竟无师自通地为妈妈弹奏了一曲《妈妈的吻》。这令沙彦华激动得泪水夺眶而出，一把抱住小孙岩，情不自禁地说："我的好儿子！"沙彦华说：

"孙岩不是用手在弹琴，而是用心，那里面流动的全部是爱和真情。"

两年后，看着小孙岩对弹琴的兴趣越来越浓，外婆又花了1000多元给他买了一架更高级的电子琴。6岁的时候，孙岩已经能弹十几首歌曲了。

沙彦华决定让孙岩学习弹钢琴，但是，休说学习弹琴需要昂贵的学费，就是一架钢琴也买不起啊！

沙彦华是专业服装设计师，为了孙岩，她毫不犹豫地辞去工作，自己开起了服装厂，专门做自己设计的服装。沙彦华不是唯利是图之人，她用智慧与诚信来经营生意。很快，她就赚了钱。在还清家里的欠债之后，她办的第一件事就是给孙岩买了一架价值几万元的三角钢琴，还给他请了钢琴教师。8岁的小孙岩一遍又一遍地抚摸着这架崭新而又富有质感的钢琴，心里的快乐自然而然地荡漾在脸上。沙彦华说，她希望这架钢琴不只是儿子练习弹琴的一个设施，而是一个引领其走向精神飞跃的载体。

沙彦华服装厂的生意日益兴隆，孙岩的钢琴水平也日益提高。笼罩在家庭里的阴云开始一点点地消散，明媚的晨曦悄悄照进全家人的心里。

二、杨峻听了孙岩弹琴，且听他讲了自己对音乐的喜爱之后，破例收下了这个特殊学生

孙岩的钢琴水平不断提高的同时，他的知名度也在一步步地扩大。1997年，他应邀赴京演出，获得极大的好评。就是在京期间，沙彦华看到这里才是更加适宜孙岩发展的地方。回家之后，沙彦华毅然关掉经营了10年的生意蒸蒸日上的服装厂，拿着所有积蓄，全家迁居北京。当时有人对沙彦华说，放弃了自己的事业，真是太可惜了，可她说："我把孙岩当成我的事业。"

但沙彦华的希望很快变得异常渺茫。在一次又一次地为孙岩寻师问路中，几乎无一例外地遭遇到了碰壁。整整一年，她都是在黑暗中摸索着，在苦求无助的境况下奔波着。

但沙彦华从来没有想到过放弃，困难再大都不能让她退缩。她说，为了孙岩，她可以成千上万次地失败，但只要孙岩能成功一次，她都会一往无前。

沙彦华认为，中央音乐学院附中是孙岩学习的最好学校。她热切地希望孙岩能到那里正式上学，于是，便带着孙岩前去应考。但学校不收，说盲孩子到这里就学，史无前例，绝不可能。不管沙彦华如何苦苦哀求，如何陈说理由，都无济于事。他们每天抱着希望而去，每天怀着失望而归。一到家里，她就伤心地号啕大哭。采访沙彦华时，一提及这段经历，她依然感慨不已："无论他觉得有多少足够的条件，别人都有充足的理由来否定他。他们的理由单一而又充分——他是残疾人!"

正在沙彦华几乎感到绝望的时候，中央音乐学院钢琴系主任杨峻教授收下了孙岩。沙彦华说，那种感觉，犹如一个人在狂风掀卷的大海里即将死亡的那一刻，救星突然从天而降一样。她高兴得哭了好长时间，不过，这次哭是在一次又一次的悲伤地痛哭之后的幸福地流泪。

杨峻是在听了孙岩弹琴，且听他讲了自己对音乐的喜爱后破例收下这个特殊学生的。他说，听孙岩讲述儿时听雨水滴下不同声音的那种审美感受，便被深深地打动，觉得他天生就该学习音乐；看孙岩弹琴时全身心地投入，听孙岩弹琴的内在神韵，感到他是在用感情、用心灵弹琴，感到他是一个很有审美感受与发展潜质的学生。杨教授更喜欢孙岩的勤奋和人品，这种非智力因素与高尚的人格是成为音乐大师的必备条件。而一些很有才华的人，正是因为缺少这些内在的东西而与大师擦肩而过。杨教授认为，育人之道应该是助人进步，帮助有困难的学生进步更是一位教师的天职。

一位有良知与水平的教授的出现，改变了孙岩的艺术前程，从而也改写了沙彦华一家的命运。所以，一提起杨峻教授，沙彦华的眼里就充满感恩的泪花。她说："这使我想起了美国的海伦·凯勒，她之所以成为那么伟大的盲人作家，从某种意义上说，她的老师更伟大。人们总说我为孙岩做了什么。是的，任何一个母亲对自己的孩子都很重要，但并不是任何一位老师对学生都是非常重要的。如果没有杨峻教授，就没有孙岩幸福的一生。"

孙岩进入中央音乐学院附中学习，学琴进入专业化阶段。孙岩的灵性与坚韧共同演绎了他的优秀，他终因表现优异而被免试保送中央音乐学院。

三、沙彦华幽默地对孙岩说："等你大学毕业，我也跟你一起毕业了。"

孙岩 19 岁的时候，中央音乐学院迎来了其历史上的第一位盲人大学生。这一破天荒的纪录，为这所大学书写了一段特殊的历史，也为孙岩的一生成长奏响了一曲壮丽的乐章。

杨峻教授是我国著名的钢琴家、教育家，他培养的学生多次在国内和国际钢琴大赛中荣获大奖。师从大师级的杨峻教授，加上自己持之以恒的努力，孙岩的钢琴水平突飞猛进。短短五年时间里，他已经从一个喜爱弹琴的孩子，成长为一位蜚声全国乃至走向世界的专业钢琴演奏家。

一个盲孩子学琴，比健全孩子付出的要多上很多倍。仅学习乐谱，就需要有人为他读五线谱，他自己再翻译成盲文。一份乐谱，这样记下来就需要好几天。开始的时候，沙彦华专门请人为孙岩读乐谱，但一小时要支付 200 元，实在消费不起。沙彦华努力学习，学会了认五线谱，于是，自己给孙岩读。

沙彦华把自己大部分的时间和精力都放在了孙岩身上，除了每天接送孙岩上学之外，还要把学校的教材尽可能多地买回家，以便给他读课本、读作业。这样，孙岩才能写作业，再带到学校读给老师听。沙彦华幽默地对孙岩说："等你大学毕业，我也跟你一起毕业了。"

最令沙彦华高兴的是，走进中央音乐学院的孙岩心理状态与学习状态俱佳。他很快融入了全班学生之中，很快适应了新的学习生活，很快取得了师生的信任。他品学兼优，每年都拿全额奖学金，每年都是"三好学生"。最近，他又被学校保送为研究生。谈起这些，沙彦华就会开心地笑起来，好像压根儿就没有遇到过困难似的。

采访结束，与沙彦华告别，可是，我的心里依然激动着。她曾为双目失明的儿子而痛苦，甚至绝望，可现在，她已经开始为有一个心灵健康与精神自强的儿子而自豪。

孩子生命成长启示录

双目失明的孙岩能有今天的辉煌，关键是因为他有一个为其倾心奋争而又深明教育之道的妈妈。身体健全孩子的父母，如果能学习沙彦华那种永不言败的精神与教育孩子的思想与方法，也可以将自己的孩子培养成品学兼优甚至出类拔萃的人才。

一、既面对现实，又超越现实

对孙岩来说，双目失明是无法改变的现实，如果按照正常人的思维，他只能走一般残疾人的道路。但沙彦华有意与命运抗争，她要让自己的孩子与正常孩子一样上学，一样生活，甚至要让自己的孩子比一般孩子更优秀。这种超越现实的想法，既需要大爱，也需要勇气。她虽然为此付出了超越常人的巨大代价，但也取得了超越常人的成功。这说明，没有不成功的孩子，只有不成功的父母；与其抱怨现实，不如改变现实。

二、培养孩子的健康心理至关重要

当今孩子心理不健康已经成为一个社会问题。而始作俑者，则是深爱着他们的父母。大多数家长没有为自己的孩子提供挫折教育的条件，也缺少培养孩子阳光心态的切实可行的具体措施。而孩子一旦出现问题，要么姑息迁就，要么大打出手，结果使原本心理有问题的孩子更有问题。沙彦华并没有因为孙岩失明而给予他特殊照顾，而是让他像正常孩子一样去学习和生活，甚至让他比正常孩子多受苦，多承担责任，特别是让他承受各种各样的打击。这既培养了孙岩特别能够抗挫折的能力，也培养了他克服困难之后取得成功的坚定信心。他感受到的不是困难对自己多么大的打击，而是破解困难之后的巨大喜悦。这样，他不但变得坚强，而且心里也充满了阳光。

三、不要轻言放弃

在孙岩的求学之路甚至整个人生路上，几乎处处是坎，道道是关，甚至在一般人看来难以逾越。但沙彦华绝不轻言放弃，在一次又一次的失败后，依然毫不犹豫地朝着既定的目标行进。而现实中的一些父母，看到孩子的某些不足，就认为孩子不行。特别是孩子出现较大的问题时，父母不是为之做最大的努力，而是听之任之，甚至彻底放弃。结果，孩子的前途就在这种放弃中失去了色彩。所以，为了孩子一生的成长，不管孩子在任何时候出现任何问题，都不能轻言放弃，都要像沙彦华那样执着地走下去。诚如是，孩子也会如孙岩一样，在克服困难中不断地走向成功。

一位著名盲人青年钢琴演奏家的奋争历程

——记2006年度“感动中国”人物候选人孙岩

正值中央电视台2006年度“感动中国”人物热评之际，我赴京采访了作为候选人的孙岩。作为中央音乐学院的第一位盲人大学生，孙岩因成绩优异，又被保送为该校2007级的研究生。由此，孙岩不仅打破了中央音乐学院历史上从未招收过盲人大学生的先例，而且破天荒地成为该校第一位盲人研究生。

其实，早在1997年春节过后，在我所主持的“全国十佳少年齐鲁行”活动中，我和众多观众在他的十几场演讲中就曾被感动得潸然泪下。

如果说十年前为其深深感动的话，那么，今天再次采访孙岩，就不只有感动，还有为他近年来所取得的突出成绩而感到欣慰。当他的演出在全世界几十个国家一次又一次引起轰动的时候，了解他成功背后的秘密就成了人们共同关注的话题。

特殊的乐感

1983年4月1日，吉林省长春市，一个男婴的第一声啼哭，为进入而立之年的孙富强和沙彦华夫妇带来一种前所未有的喜悦。可是，不长时间，巨大的悲痛便陡然而生——小孙岩明亮有神的眼睛竟然对外界没有任何感知。

他是一个先天性白内障患儿！

沙彦华抱着小孙岩四处求医，几经周折，最后满怀希望地到了北京一所大医院，可是，手术失败。休说视力没有任何好转，原本明亮的双眼也完全瘪了下去。痛不欲生的父母无奈地回到长春。

3 岁的孙岩，难道一生就要与黑暗为伍，与健全孩子享有的幸福无缘？

父母为孙岩买来各种各样的玩具，试图给这个小生命增添一点儿乐趣。

小孙岩用手不停地摆弄着那些玩具，专注而快乐。有时，他还会用两块积木敲出和谐的节奏来。

“啷啷！”

“啷啷！”

孙岩快乐地笑了，似乎那声音里有着一种特殊的音符，有着与他的生命相维系的美质。

下雨了，窗外传来雨滴击打脸盆的“叮咚”“沙沙”声。

刮风了，窗外传来树枝摇曳以及枝叶碰撞的“吱吱”“沙沙”声。

这些在人们听来如此平常而单调的声响，在孙岩听来却是如此神奇而动听。他凝神静听，整个身心都融入其中。那份专注与快乐，引起了细心的奶奶的关注。于是，老人家哼起了节奏舒缓而曲调优美的歌。

小孙岩听得如痴如醉，几乎忘却了一切。

他有音乐天赋！

父母像是哥伦布发现了新大陆一样欣喜若狂。

是的，小孙岩有音乐天赋。不管什么样的有节奏感的声响，都会令他神往。即使正在哭闹着，如果这种声响一旦出现，他就会立即停止哭闹，快乐很快写在他那稚嫩的脸上。声响一停，他便立即大声哭叫起来。

于是，5 岁的孙岩拥有了父母买来的一架玩具电子琴。

它成了孙岩形影不离的伙伴，他没日没夜地弹起来。即使外出，他也会把它带在身边，即行即弹。

一天，妈妈下班回家，小孙岩高兴地对妈妈说：“妈妈，我给您弹一首歌，好吗？”

妈妈并没往心里去。她想，整天弹呀弹的，不就是玩吗？但是，她并没有拒绝孙岩的请求，半是敷衍地说：“弹吧，妈妈听着呢！”

一串优美的旋律随即从孙岩的指间流淌出来。

“你弹的是《妈妈的吻》？”妈妈惊叫起来。

“是。”孙岩小声地说。

“跟谁学的？”

“我自己弹出来的。”

顷刻，妈妈的泪水夺眶而出。

全家人都沉浸于无比惊喜的氛围里。

当天，爸爸便从商店里扛回来一架高档雅马哈电子琴；随后，又为小孙岩买来一台收音机。

从此，小孙岩既有了可听的“小匣子”，也有了可弹的电子琴。他常常一动不动地听着收音机里优美的乐曲，也常常全神贯注地弹着心爱的电子琴。没过多久，他竟无师自通地弹出了十几首歌曲。全家人都成了他最忠实的听众，同时也成了他最有力的支持者。每逢弹奏结束，不管弹得如何，全家人都会为之热烈地鼓掌，极力地赞誉。这个时候，小孙岩就会为自己的成功“演出”欣喜若狂。

吉林省拜师学艺

孙岩对弹琴的兴趣越来越浓，所弹的乐曲也越来越有韵味。可是，如此下去，仍只是一种爱好而已。父母感到，如果有名师指点，孙岩在钢琴演奏方面也许会有一定的造诣。

一、拜师成功

父母决定为孙岩请一位好的老师，而最佳的选择当是吉林省艺术学院的刘尚昆教授。可是，刘教授是久负盛名的钢琴家，他会收下这个盲童做自己的弟子吗？

为了孩子，必须一试。

父母带着小孙岩来到了刘尚昆教授的家里。

刘教授桃李满天下，前来拜师者自是络绎不绝。当然，他的收徒标准也特别严格。

当一个盲童站在他面前的时候，这位大师犹豫了，因为他还从来没有教过一个双目失明的孩子。

在孙岩父母的一再要求下，刘教授让孙岩试弹一支曲子。

弹过一曲后，刘教授万分激动地说道："这个学生我收下了！"

孙岩的目盲是先天不足之处，可是，他的天赋，特别是他的真诚与毅力，是刘教授所见的很多学生不具备的。他是在没有老师指点，看不到琴键和乐谱，一切都只能靠摸字和记忆的情况下弹琴的。尽管这在以后的教学中仍是个不小的问题，可是，刘教授坚信，通过努力，这块璞玉终会被雕琢成一块罕见的美玉。

每教一首曲子，刘教授必须先一遍又一遍地弹奏，而且要让孙岩摸着他的手指，感受琴键的位置，然后才让孙岩试弹。为了让孙岩体会每一个音符的力度，刘教授还要在一旁推动着小孙岩的身体。如此反复多次之后，刘教授才放心地让孙岩回去自己练琴。

能够拜师于刘尚昆教授的门下，给孙岩带来的不只是能够学习钢琴技艺，更增强了他的自信。他暗下决心，绝不辜负老师的期望，绝不让父母失望。

二、苦苦练琴

真正进入弹奏钢琴的艺术天地，绝非自己随意而弹可比的。这不仅需要弹奏的技术，也需要坚韧不拔的毅力。孙岩从此便在这两个方面开始了艰难的跋涉。

为了练好一首曲子，孙岩要弹练几十遍甚至上百遍。妈妈为他想了一个坚持不懈练琴的方法，那就是让外婆在桌子上摆上300根火柴，每弹完一曲，就拿掉一根，直到300根火柴拿完才能停止。

这样，一次就要弹上五六个小时！

双腿坐得麻木了，汗水浸湿了衣服，这对于一个小孩子来说，无异于一场超乎寻常的体力和意志的考验。

而用力最多最大的还是他的那双手，连续五六个小时，不仅特别疼，还会磨出水泡，渗出鲜血。

一天，妈妈无意间发现，孙岩的手指上竟然磨起了整整十个水泡。妈妈的心里一颤，泪水溢满了眼眶。她让孙岩休息两天，不然手上的水泡还会更多，甚至会出血。但他摇摇头，又一次走到钢琴前，让外婆又一次摆上300根火柴。

琴声激扬澎湃，孙岩的整个身心都沉浸在音乐的世界里。可是，妈妈和外婆分明看到，他那手指上的水泡，有的已经撕裂，点点鲜血洒落在琴键上，和着那高亢的琴声，共同演奏出一曲悲壮而崇高的乐章。

妈妈和外婆泣不成声了。

不过，这里面也有欣慰。因为她们感到，坚强的孙岩一定能够获得成功。

天长日久，孙岩手上的那些水泡变成了血泡，而后又反复再反复，终于结成茧子。为了不影响指尖的敏感，需要不断地削去指茧，有时削得指尖渗出了鲜血，孙岩还要忍着疼痛去练琴。人们常说，十指连心，这种疼痛是可想而知的，但他会用弹琴消减这种痛苦。渐渐地，他会彻底陶醉于这种艺术之旅中，忘却时空，忘却物我，当然，也忘却了疼痛。不过，一旦停下弹琴，他的手指就会感到相当长一段时间的剧痛。可是，他会一如先前地笑着，若无其事地干自己要干的事情。所以有人说，孙岩的意志是钢铁炼成的。他说，他太爱钢琴了，这是他全部的生命。他不会为了全部的生命而计较区区小事，痛苦与波折都会在这种生命的挚爱中烟消云散。

三、初获成功

巨大的付出，就有巨大的收获。

1991 年 7 月，第三届全国盲童夏令营在内蒙古大草原上开营。内蒙古歌舞团的艺术家们为盲童们准备了一场丰富多彩的文艺节目。当钢琴独奏演出即将结束的时候，孙岩对领队说："叔叔，我想给老师和小朋友们演奏一支钢琴曲，行吗?"

这个时候的孙岩，学习钢琴的时间只有短短两年。不过，他已经在长春市少儿器乐大赛上拿到了最高分。况且，他有充分的自信，相信自己的演出一定会成功。

当领队请这个毛遂自荐的小盲童走上舞台的时候，全场一片肃静。这个外加的节目，为何是一个小小的盲童为表演者?

孙岩演奏的是一曲《牧民热爱毛主席》。欢快的旋律在他那娴熟的指法下如行云流水般回旋，真挚的情感同时也在孙岩心里激情地回荡。

"他还不到 9 岁？太不可思议了!"不少人在热烈鼓掌的同时，不住地赞叹。

在大家的强烈要求下，孙岩又演奏了两支乐曲。掌声如雷鸣般回响在美丽的大草原上。

当孙岩走下舞台的时候，内蒙古歌舞团团长、著名歌唱家木兰一下子把他抱了起来，激动不已地说道："太好了，太好了！你为残疾儿童争了光!"

1991 年，孙岩在长春市少儿器乐大赛中获钢琴组特等奖。

1992 年，孙岩参加全国部分省、市盲聋校学生艺术调演，荣获表演二等奖。

1993年，在第三届全国残疾人艺术会演中，他获得表演一等奖。中国残疾人联合会主席邓朴方亲手将"维纳斯"奖杯颁给了这位年仅10岁的孩子。

1994年9月4日，第六届远东及南太平洋地区残疾人运动会开幕式在北京工人体育馆隆重举行。孙岩浸透着民族之魂的一曲《黄河颂》钢琴独奏，不仅令在场的7万多名观众心潮澎湃，还通过卫星转播，传递给世界各地亿万不同肤色的观众。

1995年，他的一曲《南海小哨兵》获得第二届全国盲聋校学生艺术会演器乐类第一名。

1995年，刚刚12岁的他，由于具有坚强的毅力和突出的才华，被评为"全国十佳少先队员"和长春市"跨世纪十大杰出人才"。

深造于中央音乐学院

1998年，孙岩在中国残疾人联合会的推荐和钢琴大师杨峻教授的支持下，以优异的成绩被中央音乐学院附中录取，成为这所著名音乐学校历史上的首位盲人学生。2003年，他又以品学兼优的突出表现，被中央音乐学院附中保送进全国最高音乐学府——中央音乐学院。中央音乐学院也由此开创了国内音乐学府招收盲人大学生的先例。

一、杨峻教授的提携与栽培

说起杨峻教授，孙岩及其家人都感动不已。他和他的妈妈沙彦华甚至说，如果没有杨教授，就没有今天的孙岩。一个人的成功需要拼搏，同时也需要伯乐的发现与提携。沙彦华说，杨教授在孙岩身上所倾注的精力与心血是难以用语言表达的。他不仅破例收孙岩为徒，更用整个身心来教这个盲人学子。每逢周一，他都会和这位盲人少年相约于琴房。

杨峻教授说："最初教学时，我是先让他弹自己学过的作品，然后我给他纠正。我尽量用他能理解的语言给他形容，他看不见，我就只能用声音来描述，所以我们的教学还要经常弄出点声音来，让他感觉到我的呼吸。"

中国人民大学的张楠讲道："2002 年，当我第一次见到孙岩的钢琴主课老师杨峻教授时，我的内心真是充满了十二万分的敬意。我清晰地记得那一天他们上课时的一幕：两台三角钢琴前并排坐着师生二人，谱台上摆放着同名的乐谱，而他们相互并不认识对方的乐谱，学生的手在盲谱上摸索着，杨峻教授对着钢琴五线谱讲解着，只见孙岩的双手慢慢离开盲谱。对他来说，即使再高难度的乐曲也要背谱弹奏。当孙岩弹奏的贝多芬钢琴曲响起时，杨峻教授动用了所有的肢体语言和有声语言。我甚至能够清楚地听到教授用呼吸声让孙岩感受音乐的变化，用身体的推送让他感觉音乐的不同幅度；把孙岩的手搁在自己的手上，让他感觉老师手部肌肉的鼓陷与运动，感受全身的力量传导到指尖所应有的力度。他不仅一次次示范，还与孙岩共同弹奏。当两台钢琴同时奏响贝多芬的钢琴协奏曲时，我分明看到了孙岩的目光和杨峻教授的目光一样明亮、深邃。"

孙岩说："8 年来，杨峻老师用超乎常人想象的毅力，为我的成长付出了艰辛的劳动。每当杨老师和我并排坐在琴凳上手把手地教我弹琴的时候，我都能从他的讲述中汲取力量。我特别认同老师讲的一句话——'名师就是明白的老师'。音乐有时候是很抽象的，而杨老师经常能够把抽象的东西转化成形象化的语言讲述给我听，把我没法看到的东西讲明白，这都是非常不容易的。我忘不了杨老师说的话：'你不是不幸，只是不便。你要把这种特殊的不便变成特点，然后为社会服务。'"孙岩说，他并没有看到过他的老师，可是在他的心里，那是一个高大、稳重而富有艺术气息的人。他不是父亲，却胜似父亲。这份情谊，将一生镌刻于他的心里。

二、孙岩个人的勤奋与拼搏

凡是听过孙岩弹琴的人，都会为他那高超的艺术水平所叹服。于是，就有人说，孙岩是一个天才。对此，沙彦华认为有失公正。孙岩确实在弹琴方面有一定的天分，但能够获得如此骄人的成绩，90％以上则源自他的拼搏与勤奋。

由于看不见，开始的时候，孙岩学一首曲子就要花几个月的时间。先是由老师一个音一个音地念给孙岩听，他再记忆下来，像蚂蚁啃骨头一样，一点点地练。但孙岩一点儿都不急躁，他有常人没有的耐心和毅力。他一个音一个音地记，一个音一个音地弹，然后组成一个乐章。其间凝聚着他太多的心血，他不只是在用手弹琴，也是在用心、用灵魂弹奏。所以，他的琴声里就有一种特殊的东西。

后来，孙岩学会了识谱，但不是正常识谱。他必须先把普通乐谱制作成盲谱；然后，一只手摸着盲谱识谱，一只手在钢琴上弹；最后，还要将乐谱完全背下来。所以，他所有的演奏，都无法看谱，全凭记忆。而盲谱的制作又非常麻烦。据杨峻教授说，孙岩用的盲谱都是在特制的纸板上一个孔一个孔地扎出来的。一个乐章，一般只要两三页乐谱，可他的盲谱摞起来就有5厘米厚，一首乐曲加起来就是厚厚的一沓。

孙岩也要和其他同学一样完成作业，但要耗费很多精力。不过，在老师的指导下，他有了自己的学习方式。上学前，他用了两个月的时间学会了盲文。老师在课堂上讲课，他就用盲文记录下来；老师写板书时也会为他读出来。完成作业后，他再把盲文读给老师听。考试的时候，学校会专门为他采用读卷子口答的方式。

每一个人的生活方式不一样，孙岩所得到的东西也和一般人不一样。人们可能有逛街和唱卡拉OK的时间，可对孙岩来说，他要在这些时间里背诵乐谱。老师在上钢琴课的时候，对别人来说，一个眼神，一个手势，都可能暗示一种音乐的流程，可是，对孙岩而言，全然无效。老师必须用语言来表达，也只有语言才能传递到孙岩那里。比如，弹巴赫的《恰空舞曲》，老师跟他讲："你要在中午的时候站在操场上去感受阳光照在身上的那种温暖，进而体会社会对你的关爱。"于是，孙岩就会在中午时分走到院中，享受阳光的恩赐。阳光的温暖流遍他的全身，进而流进他的心里。孙岩便犹如走进人们对他关照的体会中，从生活到精神，那是一种无以言表的直抵心灵的暖流。他说，这些反过来又成为他练琴的一种内在精神支撑。于是，他又跑到琴房，激情洋溢地奏响《恰空舞曲》。乐曲如行云流水，容载着他的思想与感激，在空中回旋起来。

弹《月光》的时候，他会半夜走到院子里，感受月光下的那种特殊的宁静与诗意。回到琴房，那琴声里融进的就不只是乐曲里的美妙音符，还有流淌于其间的那份宠辱不惊的淡然情怀。

三、骄人的成绩

进入中央音乐学院，师从杨峻教授之后，孙岩的钢琴水平突飞猛进。这个"钢琴王子"，不仅在中国钢琴演出界展示风采，也在世界很多地方一展才华。

2003 年 9 月，孙岩随中国残疾人艺术团到美国演出，在台上弹奏了美国歌曲《铃儿响叮当》。在 5 分钟的演出过程中，台下的上千名观众随着孙岩的琴声一起合唱。而当孙岩演奏完那首《月亮代表我的心》后，全体观众起立鼓掌长达 10 多分钟。

2003 年 9 月，孙岩应摩门教总部的邀请，史无前例地以非教会成员的身份，在美国盐湖城摩门教大主教教堂弹奏全球最大的排管风琴。

在新加坡的一次演出结束后，一位少女奔向孙岩请他签名。孙岩说：“目前我还不会写字，让刘露老师握住我的手为你签个名吧！”那个女孩顿时流下了内疚而激动的眼泪。她说，她会记住这个特殊的时刻，更会将孙岩作为榜样。因为在他那里，没有克服不了的困难，也没有无法取得的成绩。这种精神作为一种内在的力量，永远有着它的价值。

他的老师杨峻教授，曾目睹了他以一曲《李斯特·第六匈牙利狂想曲》令观众如痴如醉的成功演出。当时，他流着眼泪对观众说：“今天的场面太感人了！孙岩不是‘不幸’，而是太幸福了！这么多人的爱托起了他的梦。别说是残疾人，就是健全的艺术家此刻站在这里也会感到幸福无比的。”

为推动中国音乐教育事业的发展，弘扬盲人青年钢琴演奏家孙岩顽强拼搏、勇攀艺术高峰的执着精神，并帮助孙岩达成用音乐“感谢社会、感谢母校、诚报师恩”的美好心愿，中央音乐学院、Mark Fairwhale（马克华菲）、解放军歌剧院于2006年3月30日晚在解放军歌剧院共同主办“孙岩·琴心涌动——2006马克华菲钢琴音乐会”。

泰戈尔说：“你的音乐的光辉照亮了全世界。你的音乐的气息透彻诸天。你的音乐的圣泉冲过一切阻挡的岩石，向前奔涌。”

他越来越充满自信

凡是见过孙岩的人，都会感到在他那灿烂的笑容里不仅有善待他人的温暖，还有那份发自内心的自我肯定。他说，任何成绩的取得都需要付出，而他比正常人付出得更多。上苍是公平的，他付出得越多，就越充满自信。

一、从容自信地走路

在一般人看来，盲人走路，一定是手持拐杖，一边探测着前方有无障碍，一边小心翼翼地摸索着行走。可是，孙岩一点儿盲相都没有。早在1997年春节过后的“全国十佳少年齐鲁行”活动中，我们便感受到了他的神奇——戴着墨镜，昂首挺胸地向你走来，显得从容而优雅。如果不知根底，怎么也想象不出他是一个双目失明的孩子。2003年初入中央音乐学院就读的时候，孙岩的行走方式再次成为人们关注的热点：对所在的环境稍微熟悉之后，他便如摄像机录制现场一样，把周围的环境全部装在了自己的大脑里。去食堂、上厕所大多是一个人前去；从一楼到六楼，不但不需要人搀扶，而且一路小跑，如入无人之境。不管在任何地方，只要有人向他打招呼，他都会微笑着回应；同他说话，他会自然地与人交流；即使给同学、家人发手机短信，也是得心应手。

于是，他的大学同学就不由得怀疑起来：“他真的看不见吗？”

是的，他真的看不见。

那么，是什么使他具备了这种“特异功能”？

其实，孙岩初学走路的时候，也如其他盲人一样。但是，他的妈妈教会了他正常人走路的方法，更给了他勇气与自信。迈出这一步之后的孙岩，越来越相信自己不管做什么都能行。

孙岩说：“走进一个陌生的环境，我对自己的要求就是，走过三遍之后一定要熟悉。”

何须三遍！

记得当时与其他“全国十佳少先队员”从泰山极顶下山时，一路“天街”，他却能够在没有任何帮助的情况下，健步如飞，甚至有的地方有多少个台阶他都一清二楚。我们无不惊诧于他那超乎常人的记忆力。可他笑笑说，这都是锻炼出来的。他说，如果不记下来的话，你就永远不会熟悉，总有一种依赖感。这样的话，就没法独立生活了。

他的妈妈说，这种超常记忆力给了孙岩极大的鼓舞与自信。而这种自信，绝非天生就有的。其实，每一个人都有巨大的记忆潜能，只不过有的人将其置于沉寂状态而已，而孙岩则有效地开发了这种潜能，使之有了特殊的灵性。

他说，他希望像小提琴演奏家帕尔曼一样，敢于坦然地拄着双拐走到台上。在他眼中，这就是一种成功的表现。

其实，他不仅拥有帕尔曼的坦然，更有甩掉拐杖、自己行走的勇气与自信。

孙岩的自信并不是天生就有的。他的父母告诉他：“你能行！你是一个聪明的孩子，你完全可以达到正常孩子的水平。如果努力，就可以超过他们。”进入中央音乐学院之后，他的老师杨峻教授对他大加赞赏，经常对他说：“健全人做到的，你要努力地去做到；健全人做不到的，你也要努力地去尝试着做！”而做的结果，是一个又一个意想不到的成果。而这种成绩，又反过来给予孙岩莫大的鼓励与自信。

心理学研究证明，长期积极的心理暗示，可以在生命个体的心里逐渐累积起一种“我能行”的自信。而一个心理健康的人，即使他付出的努力与心理状态不佳的人同样多，也可以取得更大的成绩。

二、成功的演出使他更加自信

孙岩6岁首次登台演出，即获好评。而后的10多年来，每次演出都是掌声如潮。所有这些都令他特别自信。他被不同国度、不同民族的人们认同，他感受着来自他们的真诚赞誉。他感到，比起普通人，他甚至更加自信，因为他比正常人取得了更大的成绩。有人说，孙岩的自信成了照亮其前进道路的一盏明灯，也成了孙岩心中一双明亮的眼睛。

当然，孙岩也偶有不自信的时候，但那是短暂的，紧接着的就又是充满自信。2000年，他在美国卡耐基音乐厅演出时，临上舞台，他突然对导演说：“我能不能不演？我很紧张。”他想，自己是个东方人，又是一个残疾人，却要用西方世界的艺术去征服西方人，是一件特别困难的事。其实，他更多考虑的还不是自己的成败，他想到的是自己的祖国，他不能让自己的演出使祖国丢脸。当时，导演鼓励他说："你能成功，绝对可以！"他终于走上舞台。当乐曲弹完时，持久的掌声在世界最著名的卡耐基音乐厅回荡不已。他不得不一次又一次地回来谢幕。连续谢幕 12 次后，依然掌声雷动。如今提及此事，孙岩依然特别激动。他说："我当时真的为我的祖国感到骄傲！我觉得自己非常幸福。"

今天的孙岩显得更加从容与自然，那份自信成了他最为珍贵的精神财富，已经成为他生命的一部分。当然，每个人都会遇到各种各样的问题，孙岩偶尔也会有不愉快或不自信的时候。可是，他有钢琴这位"知音"，他能从那里获取力量与信心。孙岩说，钢琴成了他的精神寄托与感情皈依。他在心情不好的时候喜欢弹贝多芬的乐曲，在冷静的时候喜欢弹巴赫的乐曲，在想唱歌的时候弹舒伯特的乐曲，在感情丰富的时候弹肖邦的乐曲……在他的心里，钢琴甚至拥有了感情，他与之歌，与之舞，与之唱，心灵相通，美不胜收。

对于未来，孙岩充满信心："我相信，总有一天，我会复明！当这一天到来时，我将学电脑，学开车，我还要学做指挥家。"

对于自己，孙岩是这样评价的："我最大的优点是自信，最大的弱点是过于自信，总是过高估计自己……"

孙岩并没有过高地估计自己，他所说的只是谦辞而已，因为他一直在向着成功迈进。尽管困难还会不断地出现，可是，正是在破解这些困难从而取得更大成绩的时候，他又增添了自信。

杨文，山东英才学院董事长。早年留学英国诺丁汉大学，曾任教于山东工业大学。创办和参与创办了集高等教育、中等教育、职业教育、学前教育和教科研为一体的教育系列。山东英才学院是实施计划内统招、独立颁发高等教育文凭的普通高校，现有在校生两万余人，荣获“中国十大名牌民办大学”等称号。独创的“全息全感儿童英语教学法”被列入“中国当代外语教学法十大流派”。专著《幼儿英语教学法》一书，填补了我国相关领域的空白。主讲的“幼儿英语教学法”是国家级精品课程。出版了《杨文幼儿英语》《杨文教子》等书。被授予“中国十大杰出母亲”、全国“为国教子，以德育人”好家长、全国三八红旗手、全国杰出创业女性、山东省优秀教育工作者、山东省首届十大优秀母亲、首届齐鲁十大创业女性、济南市“春蕾计划”爱心大使、济南市十大优秀青年知识分子标兵等称号，其家庭荣获全国“五好”文明家庭标兵户称号。现任山东省妇联执委、山东省青年联合会委员、济南市家庭教育研究会委员等。

夏杨，剑桥大学英国医学研究委员会分子生物实验室（MRC-LMB）在读博士生。该实验室是现DNA双螺旋结构的实验室，奠定了现代生物学乃至整个生命科学的根基，迄今诞生了13位诺贝尔奖得主，在全世界具有独一无二的地位。中学时期多次在英语、生物、物理、化学、信息学、新概念作文等各类全国竞赛中获奖。从山东省实验中学毕业后，同时被英国6所著名大学录取，他选择了剑桥大学最负盛名的三一学院，获自然科学专业荣誉学士、文学硕士学位。曾任剑桥大学生物社团主席、剑桥大学科学社团人事部长，中国学生学者联谊会剑桥分会外联公关代表，创立剑桥大学中医协会并任首任主席。剑桥中国文化协会首演话剧《雷雨》中男一号周萍扮演者、三一学院赛船俱乐部成员、英国BBC电视台和广播电台特邀嘉宾。2006年，获博士录取通知书并得到剑桥大学每年只有10人能获得的霍奇金全额奖学金，同时被世界某著名投资银行亚太总部以百万年薪录聘。但他放弃了百万年薪的工作，选择攻读博士。

一个22岁剑桥博士生的家庭教育

——杨文教子的经典案例与启示

22岁的夏杨大学毕业之后，一手拿着英国剑桥大学顶级实验室的直博通知书，一手拿着世界顶级银行年薪百万的录用聘书，开始他年轻人生的又一次选择。当人们传诵其走向成功的传奇经历时，不少人也将视角投向了培育这个孩子的母亲——杨文。

是的，夏杨并非“生而知之者”，他和其他孩子一样，从呱呱坠地的那一刻起，就有了第一声嘹亮的哭声。可不同于其他孩子的是，他的母亲，从其诞生的第一天起，便担起了培养天才的历史使命。

顺应天性，遵从自然

老子说：“人法地，地法天，天法道，道法自然。”培养孩子也要顺其天性，遵从自然。

一、让不合家长行为规范的举动登堂入室

幼儿时的夏杨并不是一个讲卫生和守规矩的孩子，其中的责任不在夏杨，而在杨文。她认为，一个来到世界不久的小生命，更多的是要享受自然的快乐。这个时候对他施以太多的规范，会约束他心智自由地成长，影响到孩子的好奇心。夏杨好动，常常不经意间便将自己的衣服弄脏，杨文却对此视而不见；夏杨玩起来花样百出，常常将家里搞得乱七八糟，杨文对此也熟视无睹。在杨文看来，将衣服弄脏，把家里搞乱，都是

小夏杨在张扬自己的天性，在探索新的世界。弄脏衣服、搞乱家里与张扬天性、探究世界相比，简直太微不足道了，可以忽略不计，父母不必对此大惊小怪。

幼儿探究世界，使用触觉是一个必不可少的途径。让小夏杨通过触觉感知各种各样的事物，就成了杨文的有意行为。

一天，夏杨好奇地看着红红的西红柿，似乎感到其中有着太多的神秘。于是，杨文就鼓励他用手去抓。结果，西红柿被抓得稀巴烂，小夏杨的新衣服上也溅满了西红柿的汁水。杨文的祖母看不惯这种“娇惯”孩子的行为，便将自己的孙女批评一番。杨文笑着对祖母说，让孩子触摸实物，不但可以满足孩子的好奇心，还可以促进其大脑的发育。

夏杨小时候也和其他的孩子一样，在路上走的时候，总是踢一踢这里碰一碰那里，挖一挖这个小洞，看一看那只蚂蚁。也许有的家长觉得这样的孩子太过顽皮，但是杨文认为，如果站在孩子的角度，就会觉得这是再正常不过的行为。因为孩子对世间万物都充满了好奇，由好奇进而产生探究的兴趣。夏杨的这些顽皮行为，正是其好奇心与探索精神的体现。对此，家长不但不应当批评和打击，还应给予鼓励与表扬。从小就在妈妈的“怂恿”下顽皮到极点的夏杨，就有了常人没有的好奇心与探索精神。

孩子好动，就必然会有不合家长行为规范的举动，比如，孩子会因为不小心而打碎盘碗，摔坏玩具。这个时候，杨文对孩子不批评不打骂，因为她认为，一个被摔坏的玩具的价值没有多少，可如果因此而毁灭了孩子的好奇心与想象力、创造力，是得不偿失的，因为这些都是值得家长珍惜的无价之宝。

夏杨3岁的时候，信笔涂鸦，画了一个不规则的圆，说是鞋垫子，并让杨文为其注明日期，写上“鞋垫子”三个字。杨文不但照儿子的要求做了，还对他大加表扬，称这是儿子的绘画精品。杨文没有送夏杨参加绘画班，她担心那种临摹会限制了孩子天马行空的想象力。她认为，重要的不在于孩子画得完整与否，钢笔字和毛笔字写得端正不端正，也不在乎获得了什么大奖，而在于隐藏于其中的那份好奇心与想象力。

夏杨小的时候常常自言自语，杨文认为他是在描述一个他感兴趣的世界，这个时候，她绝对不去打搅。有的家长在孩子玩得津津有味的时候，非要强迫其停下来背唐诗、弹钢琴，做家长认为有益的事情。杨文认为那是对孩子天性的摧残。

在她看来，孩子做什么是次要的，重要的是他做的事情能否沉淀下对其未来发展有益的素质。孩子对某种事情感兴趣的时候，家长应该顺其自然并为之推波助澜，从而使其得到良好的发展。

二、为孩子购买玩具一掷千金

夏杨小的时候喜欢玩玩具，有的家长也许认为这是不务正业。可杨文认为，玩具是孩子的天使，小孩子玩玩具一玩三四个小时竟然兴趣不减，这无疑为培养孩子的注意力提供了有效的载体。夏杨小的时候喜欢玩拼插玩具。拼插玩具的部件非常细小，犹如小米粒一样，可他一坐就是三四个小时，非常耐心地用小镊子将一个又一个的小部件粘在一起，最终粘成一艘战舰或一架飞机。如此反复，孩子的注意力就会在快乐的玩耍中不断地提高，且形成一种良好的习惯，从而为将来的学习研究积蓄一笔兴趣与专注的精神资本。

此外，孩子玩玩具还是一个探索与发现未知的过程，其中甚至具有一定的“科研”含量。玩具之所以对孩子形成巨大的诱惑，原因之一就是其中有着很多可供他们探索的东西。孩子为发现未知着魔，更为破解未知高兴。孩子的潜力无穷，大人却往往漠视了这种潜力，而潜力又是稍纵即逝的，挖之是一个丰富的矿藏，舍之如江河奔海一去不复返。老子说：“千里之行，始于足下。”要让孩子将来能承担大任，家长就应当从小为孩子储存一笔令他们终生受用的探索精神的“存款”。夏杨今天所具有的“格物致知”的科学探究精神，得益于杨文从小对他探究精神的保护和培养。

杨文生活简朴，个人开销少之又少，可是，在为夏杨购买玩具时，她可以一掷千金，奢侈得令人吃惊。

1992年在珠海工作的时候，杨文月薪5000多元。这在当时是一笔不菲的收入。可是，她很少为自己买高档的衣服，也没有置办较好的家具，而是拿出一半多的工资给小夏杨购买了各种各样的玩具。在杨文看来，孩子该玩的时候，一定要让他玩得尽兴，玩出花样，玩出想象力，玩出专注力，玩出成功感。她认为，孩子美丽的童年是不可复制的，对孩子某些能力的培养也是不可错过时机的。钱花了还可以再挣，孩子错过感受幸福与培养能力的时机，犹如江河奔流入大海一样一去不复返。

今天采访夏杨，他仍对童年时期妈妈所买的玩具留恋不已，他说，妈妈给了他最美好的童年，也培养了他永久性的探索精神。

三、对夏杨爱慕女孩听之任之

上初中的时候，夏杨对一个女孩子特别爱慕，于是，便在纸上反复地写这个女孩子的名字，那种“惚兮恍兮”的样子，与失恋的小青年特别相似。但杨文对此一点儿也不担心，她认为对于一个发育正常的孩子来说，这是再普通不过的事了。如果一个中学生从来没有对异性产生过一点儿好感，那才是真的有些不正常。这是一种自然法则，自古如此。但这个年龄段的孩子还没有到收获爱情的时候，这种异样的感觉不会长久滞留心中，它会随着各种事情的变化而转移。如果家长对此如临大敌，以致对孩子大加干涉，反而会使事情越来越糟。正是基于这种思考，杨文采取了默默关注、让其自然化解的态度，并且艺术地提供让夏杨转移注意力的各种机会。果然，不久，夏杨的兴趣又转移到别的事情上了。这一感情转折，由于没有外力的粗暴干涉，全部来自自身内在的自然力量，所以具有更大的稳固性。

宇宙浩瀚无边，生命个体在其中只是一个小小的点。但人又是万物之灵，可以探索宇宙之奥妙。所以，哲人言："宇宙生我，我即小宇宙。"现在夏杨在剑桥大学顶尖级生物实验室所进行的科学研究，便显示了他作为"小宇宙"的巨大潜质与能量。

让每一个时空都具有教育意义

杨文认为，对于孩子来说，每一个时空都不应当留下空白，个体生命都有探索世界的需求，满足这种需求，可以使生命更具价值、更富活力。

一、夏杨的知识是在一般孩子流失的时间里获得的

孩子天生具有学习的潜能，开发得越早，效果就越明显。杨文深知培养这种能力的重要性，她在人们认为没有教育意义的时空里，为孩子设置了教育的内容。

有的家长虽在孩子身边，却让其在那里呆呆地一连坐几个小时，并美其名曰"老实"与"听话"。可在杨文看来，这片教育的空白，失去了教育的意义，作为家长，无异于犯下了一个不可弥补的错误。

幼儿期的夏杨虽然躺在床上，但是杨文不断地给其以感观与大脑的刺激。她在天花板上挂了许多色彩斑斓的小东西，以激发夏杨的好奇心与想象力。杨文认为，好奇心与想象力是与生俱来的，但由于后天的抑制或开发，使得孩子出现两极分化。如果在适当的时候不进行开发，就犹如错过播种的季节

一样。

杨文算了笔账———如果孩子一天呆坐三个小时的话，十年就是一万多个小时。人的幼儿、童年期是学习的最佳时段，一万多个小时的利用与浪费，将使原本在同一起跑线上的孩子产生天壤之别。

在夏杨牙牙学语的时候，杨文就教其整体识读，开始教学的内容是《我的第一本书》。杨文一边给他看着画讲故事，一边也让他看与画面迥然不同的文字符号。杨文认为，这种无意识的学习，既不会增加孩子的心理负担，又可以使这些文字如同图画一样，在快乐的状态中收藏在他的大脑里。即使走到大街上，杨文也是一看见字就指给小夏杨看，并读给他听。杨文说，不要认为这时候的孩子一无所知，其实，这些字已经作为生命符号，开始走进他的大脑之中。此后一有机会，这种记忆就会再现出来。

一天，杨文腰疼，她不想使自己治病的时间成为小夏杨的时间空白，于是她便带上一本书，趴在床上理疗时给小夏杨讲故事。看到一种新鲜的事物，夏杨会叩问究竟，杨文会非常认真地为他解答，直到他满意为止；杨文看到认为夏杨应当了解的东西，也会让他看并讲给他听。她说，这是社会和自然给孩子提供的教科书，作为第一任教师的父母，就应当不失时机地为孩子解读好这本大教科书。

有一次，坐在长途汽车上，母子二人无事可做，杨文就唱英文歌给夏杨听："Ten green bottles hanging on the wall…"意思是10个绿瓶子悬挂在墙上，1个掉下来，还剩9个，另一个掉下来，还剩8个……如此一遍又一遍地唱着，后来，杨文将bottles（瓶子）换成了bottoms（屁股）。夏杨立即睁大了眼睛，很快又捧腹大笑起来。他想象10个绿屁股悬挂在墙上，该是何等荒唐与可笑。

二、设置有利于孩子交往能力与品德形成的场景

品德是一个人最为重要的素质，杨文也是在生活化的场景中教育夏杨的。夏杨与小朋友吵架的时候，杨文会趁机教育他要学会沟通与谦让，这样夏杨慢慢地就懂得了与人交往的原则，成了人人喜欢的男孩。这些理念不是灌输给他的，而是在生活中慢慢形成的。

大人谈事情的时候，杨文便招呼夏杨来听一听，让其感觉到自己的存在，感受被尊重，让他有一种对生活的参与激情，而正是在这种参与中，他不知不觉地学会了书本中没有的东西。

小孩子喜欢聚众玩耍，杨文就鼓励夏杨将小朋友带到家里玩。他们可以打扑克，也可以脱了鞋上沙发，大呼小叫地喝饮料。杨文往往成了他们的“后勤部长”，一会儿送上饮料，一会儿递上香茶，一会儿去买水果。在孩子们大吃大喝的时候，杨文还一个劲儿地“逢迎”着他们。吃了，喝了，玩了，又被表扬着，谁不愿意到夏杨的家里来呢？其实，杨文的大方慷慨中也有一点儿私心，就是让夏杨尽早地融入集体之中，结交更多的朋友，从而锻炼他的社会适应能力。正是在这种玩的交往中，夏杨形象化地知道了什么叫集体，什么叫社会，什么叫友谊。

三、对孩子自我学习状态听之任之

为孩子提供学习的优质时空，并不等于孩子的一切学习活动都由家长预先设定。只要孩子有效地利用了这段时间，家长就可以听之任之。小夏杨有时画画和玩玩具，兴味盎然，全神贯注，杨文便不去打扰，让其投入其中，自己只作壁上观。夏杨上小学的时候，母子二人等车，他会自然地拿一本书看，或者用“掌上宝”学说英语。杨文便故作不知，在一旁也拿出自

己的书翻看着。任何时候不让时光虚度，这是他们母子共同的时间观念。

杨文认为，教育即生活，生活即教育。在看书的时候，夏杨对汉字自然地习得了，课堂教学中的识字就不学自会了。没有正儿八经地学习英语教材，却在生活化的场景中学会了，于是就有了当年全省剑桥少儿英语考级唯一的满分。

时间是共有的，但并非人人都感受到了时间的宝贵，更没有想到这些时间对孩子一生的发展有巨大作用。而杨文则抓住了每一刻“逝者如斯夫”的时光，让其成为孩子生命成长的保障。

22 岁的夏杨，已经对生活有了自己的原则，他经常给父母的工作与生活提建议，甚至提出一定的批评意见。杨文说，夏杨虽然是一个男孩，可是他善解人意，关心他人，是家庭生活中不可或缺的成员，也成了朋友圈里不可多得的一分子。

杨文认为，每一个时空对孩子都具有教育的意义，只不过人们大多忽视了它的有效价值。不过，这种教育不同于学校的课堂，而是处于生活常态之中，随机而设，不为孩子所觉察。所以，无论夏杨是否在杨文身边，只要她确认在这段时空里，孩子是在做着对他的成长有意义的事情，就顺其自然，听之任之，这样就使一般人认为平平常常的时空，一变而跃入优质的层面。

课外是一个更大的学习课堂

杨文认为，课内学习只是孩子学习的一部分，而不是它的全部与唯一。课外学习同样是学习，而且多是课内学习不能替代的。夏杨的成功，从某种意义上说，更多地得益于课外学习。

一、拒绝课业学习辅导班

现在不少家长望子成龙，为孩子选择了各种各样的课业辅导班。可杨文认为，课外补习课文知识，会向孩子传达一种潜在的信息，那就是课上学不好没有什么关系，辅导班上还可以亡羊补牢。如此长期的心理暗示，会使孩子转移课堂学习的有效注意力。况且辅导知识不少还是已经学会的内容，甚至是课堂所学内容的重复，这又自然减弱了学生学习的兴趣。久而久之，课外辅导就成了孩子的一种精神依赖。其实，只要提高孩子的学习兴趣和学习效率，课内知识就可以当堂消化。所以，杨文为夏杨所选的都是课业辅导以外的小记者、航模、游泳班等。

有一次夏杨因为粗心，被罚抄100遍英语单词，尽管夏杨已经掌握了，但师命难违，杨文只好为儿子捉刀代笔，让夏杨腾出时间去学习感兴趣且有益的东西。她认为，这种“弄虚作假”纯系无奈之举，甚至是对传统教育的一种挑战，因为有些作业孩子已经会了，如果再做，既浪费了时间，又抑制了探索的兴趣。

1991年，夏杨8岁的时候，杨文为他报了电脑班。这个班内唯一的小孩子，从那个时候起，便如痴如醉地走进了信息时代。在一些家长闻“网”色变的时候，杨文却鼓励夏杨上网。她说，上网可以为孩子推开一扇瞭望世界的窗户。因担心孩子上网误入歧途而不让孩子上网，无异于因噎废食。同时，她还为夏杨买了CD和VCD，让他从中尽情地享受现代生活的美好。生命个体不可能生活在真空里，必须让其体验现代生活的林林总总；父母不能将孩子培养成一个高分低能的“书呆子”，而应当将其塑造成一个德商、智商和情商俱佳的现代人。

夏杨的课余爱好特别广泛，有绘画、武术、音乐、电脑、播音、写作、旅游等。这种课外活动与业余爱好看起来有点儿不务正业，其实一点儿也没有耽误“正业”。这个既没有参加过学习辅导班，也没有请过家教的孩子，学习成绩在班里却一直名列前茅。在山东省实验中学就读期间，他还获得了全国中学生英语辩论、演讲两个一等奖，新概念作文大赛全国二等奖，化学、物理和生物都多次在全国竞赛中获奖。他的电脑编程也颇有名气。而且在高中阶段，他还对自身的身体结构和生命的起源产生了浓厚的兴趣，并由此爱上了生物。临近毕业时，他对生物学的求知欲已经远远超出课本的内容，他立志报考在生物学方面独树一帜的剑桥大学，而且一举成功。22 岁从剑桥大学本科毕业之后，他成为以最高全额奖学金直接攻读剑桥大学最好的实验室的博士生。

二、享受以书为伴的快乐

书刊是孩子最好的老师，一个爱上读书的孩子，一定会终身受益。正是基于这种思考，夏杨很小的时候，杨文就为他订阅了很多杂志，且陪伴他共同阅读。

从小耳濡目染，夏杨爱上了读书。于是，杨文就根据他的兴趣，不断地为他提供读物，且不断地更新内容，让他感受与书为伴的幸福。书成了夏杨最好的朋友，看书甚至成了他生命中不可或缺的精神食粮。

当年，尚不会写字的夏杨，年仅 6 岁，还未入学，就可以阅读《人民日报》等报纸，更不用说小儿故事书。进入小学后，他不但感到学习语文轻松自如，而且跳了一级后成绩依然非常优秀。

夏杨上小学的时候，看到做大学老师的爸爸在编书，也来了兴致，说要编书，并且要当主编。杨文对此大加赞赏，而且为他提供了各种各样的图片和资料。于是，作为“主编”的夏杨就编了一本本连环画。随着年龄的增长，所编之书由画变文，就又有了一本又一本文字之“书”。

夏杨在高中学习政治经济学的时候，对剩余价值产生了兴趣，于是从图书馆里借来《资本论》，一页一页地“啃”起来。没想到，后来他在《时事》杂志撰文就剩余价值发表评论，令一些专业人士也惊叹于他的理解力。大学毕业后，夏杨成功竞聘美国摩根大通银行的职位，这或许与他当年学习《资本论》有一定的关系。

三、走出去见世面和放飞心灵

当今多数学生行走于“两点一线”之间，并无走出去见世面的机会；可杨文夫妇二人，则为夏杨见多识广提供了契机。

1992年，杨文从英国留学回来，被深圳经济特区的改革开放吸引，就跟丈夫商量，带上夏杨一同前往。时值期末，孩子即将参加考试。这种有悖常规的行为，被孩子的老师严肃地批评了一番。可杨文认为，让孩子见识一下经济特区，不仅能开阔孩子的视野，还能更新孩子的观念，培养孩子的开拓意识，这比提高考试成绩价值要大得多。

当年，杨文带着孩子转遍了城市的大街小巷。春天的田野，夏天的海洋，秋天的山峦，冬天的高原，杨文和丈夫都带着孩子去体验。自然的广博，还有亲情的快乐，使夏杨的心灵得到了放飞，也使他的好奇心得到了满足。

杨文认为，放松心灵是人的情感需求，对于孩子来说，与之相伴的，还有精神的自由与智慧的开启。

四、在社会课堂上寻师觅友

孔子说：“三人行，必有我师焉。”小夏杨在父母的带领下，在各种人群中行走，他不仅能听大人的谈话，也可以与他们聊天，这种老师是在课堂上寻觅不到的。夏杨的父母还特意为他安排了与优秀人士交流的机会，让他在与“友直，友谅，友多闻”益者三友交往的过程中，增长知识与见识，提升心理素养与人格修养。

在社会这个大课堂上寻师觅友的过程中，夏杨学到了一般孩子难以学到的各种各样的本事。他在剑桥大学的时候，就成功地获取了做 1997 年诺贝尔奖获得者助理的机会。他两年连任剑桥大学学生生物社团主席，其间邀请了 10 多位诺贝尔奖获得者参加社团活动，收到了几十封诺贝尔奖获得者的亲笔信。他还创办了剑桥大学中国医学协会，并担任首任主席。他用他的真诚、自信和智慧与国际上的人交往，更从与这些国际大师的交往中学到了令人高山仰止的品格与才识。

“推出”的爱

爱子之心，人皆有之，但爱的内涵与外延又各有不同。杨文对孩子的爱之“三昧”———无私、科学与“推出”，则有着大爱无形、真爱无我的况味。我的视角则更多地投向了“推出”的爱。

一、故意偷懒，让小夏杨代母行事

杨文培养孩子的理念是“放养”，而不是“圈养”；不是将孩子放在“温室”里，而是让孩子学会自立，走向社会。夏杨很小的时候，杨文就有意将孩子推出去，从而培养他的各种能力。

她往往故意偷懒，让小夏杨代她行事。夏杨刚会说话的时候去看病，杨文就让他自己向医生说明病情，并且让他去挂号、买药，完成整个看病的过程；买车票的时候，也让小夏杨挤在大人堆里去买。

有的时候，杨文还有意与丈夫带夏杨去饭店吃饭。一入座，她就指使夏杨找服务员点菜、去要餐巾纸，不是让他坐享其成，而是让他充当一个联络者和安排者。杨文就是这样有意安排一件件小事，让他通过自己的语言和别人沟通，从而提高他的交际能力。

十几岁的时候，夏杨便可以应对各种社会问题了。

二、夏令营让他找回了自信

夏杨读初三的时候，杨文由于担心他太胖而限制了他的饮食，特别是对他继续胖下去表示担忧，甚至当面批评夏杨，这使夏杨失去了自信，以致走路的时候，都是弓着腰。杨文为此苦恼了很长一段时间，最后还是决定将他推出去，让夏杨参加了一个暑期英语夏令营，让他在另一个环境中找回自信。这一尝试的效果特别好，超出了杨文的预期。在闭营式上，夏杨作为唯一的男主持人，在包括高中生在内的大哥哥大姐姐面前，用流利的英语主持，并博得了热烈的掌声，营员们向他投来羡慕的目光。

夏杨回来以后异常兴奋地对杨文说："妈妈，你猜一猜，我这次在夏令营最大的收获是什么?"然后，他很郑重地告诉妈妈："我找回了自信!"

三、"推出"之爱的巨大代价

将孩子推出去需要勇气，也需要付出代价。高三下学期的时候，为了让夏杨考取剑桥大学，杨文决定让他一人去英国攻读高中。

夏杨第一次出国，母子难舍之情在所难免。儿子开始走出国门，走向人生的另一个舞台，福兮，祸兮，将由这个只有17岁的男孩一人承担。

杨文轻信了中介的游说，认为夏杨要去的是一所专门为剑桥大学输送学子的优质学校。可是，当夏杨一人来到这所学校之后，才发现这所学校差到了极点，没有食堂，也没有宿舍，学生全是考不上大学的三流学生。夏杨只好租下一间小得可怜、设施非常简陋的房子，独自开始了异乡苦读的生活。

杨文赶到英国去看夏杨的时候，一下子惊呆了，一个月前还精神饱满的儿子，怎么会变得如此憔悴？一下子没了朋友，更没了亲人的关照，夏杨一个月瘦了20公斤。

告别夏杨，坐在回国的飞机上，杨文一直在哭。她开始审视“推出”的爱是否太过残忍？可是，一个瞩目未来的母亲，还是为儿子的这份特殊经历而自豪。她说，夏杨从此变得坚韧不拔，可以面对任何困难。夏杨也说：“这段经历给多少钱我都不卖，但给多少钱也不想再来一遍了。”

四、夏杨走遍天下母无忧

母亲毕竟是母亲，就在2006年9月30日夏杨再一次离家远行的时候，杨文还是有点难以割舍。夏杨的爸爸说，儿子将去世界最著名大学的顶级的三一学院，在生物研究最前沿的实验室，拿着最高额的奖学金，开始他人生的另一次起跑，多少人梦寐以求而求之不得啊！杨文说，丈夫的话令她豁然开朗，儿子的幸福不就是自己的幸福吗？儿子开始的是幸福之旅，何不为他感到高兴呢？

杨文说，现在，夏杨走遍天下母无忧。不管是在多元文化的认同方面，还是在与各个国家、各种肤色的人的交往中，夏杨都可以应付自如，游刃有余。是的，他不仅融入了社会，而且能够自立于社会，得到社会的认可。从某种意义上说，夏杨拥有了人生之路的通行证。

孩子生命成长启示录

理念决定行动，行动造就未来。杨文不但拥有先进的家庭教育理念，还是积极的行动者。她在培养孩子一步步走向成功方面，为更多的母亲提供了可资借鉴的参照。

一、家长的榜样力量是无穷的

杨文认为，家长是孩子最好的榜样，是孩子生命成长的第一任教师。古人云："近朱者赤，近墨者黑。"孩子未来的走向是"赤"还是"黑"，最为直接的影响者便是父母。杨文对生命的关爱与自身"学不可以已"的精神，通过或显或隐的形式在家庭中外化出来，又悄无声息地内化于孩子的心里。于是，就有了夏杨对家人与更多人的真爱，以及在学业上锲而不舍的追求。妈妈在克服一个又一个困难之后走向成功的身影几乎每天在孩子眼前晃动，而孩子也将克服困难视作自然，且在破解困难中享受成功的喜悦。夏杨如一个孤儿被抛在英国的艰难与凤凰涅槃，都可以从妈妈百折不挠的精神中寻到踪影。正是妈妈的崇高形象叠印于孩子的心中，才有了夏杨对崇高的向往与追求，以及走向崇高的一个又一个行动。

二、和谐家庭成了孩子精神的归宿和心灵的港湾

杨文不但是全国"为国教子，以德育人"好家长，全家还荣获了全国"五好"文明家庭标兵户称号。在这种家庭中，孩子自然可以幸福地成长。所以，构建和谐的家庭环境，就成了杨文的追求。我深深地感到，她的身上既有着中国传统女性最优秀的品质，也彰显着当代知识女性的时代特色。她既知情达理、尊老爱幼，又与孩子达成一种无话不谈的心灵默契。在中小学生心理问题日趋增多的当下，父母的无奈与忧虑也越来越多。但在杨文的家庭里，夏杨生命成长中的快乐与苦恼，都因有了妈妈与之分享与分担而精彩起来。家庭成了孩子精神的归宿和心灵的港湾，人们担忧的孩子青春期的叛逆与对抗，都因阳光灿烂地照耀而烟消云散。于是，长期生活于和谐幸福家庭中的孩子的心智也就愈发健康，并且影响孩子的未来乃至一生。哲人言，一个有心理问题的人，即使现在获取一定的成功，最终仍将会失败；而一个心理健康的人，即使临时失败，也会最终取得胜利。从这个层面上说，杨文给予孩子的，不只是现在的成就，更有一生受用不尽的意志品质。

三、家长与孩子共同成长

和谐的家庭环境，还可以为家长与孩子共同成长提供一种优质的思想情感载体。如果说夏杨的每一步成长都凝聚着妈妈的心血，那么，妈妈也在孩子的成长中发展了自身。孩子的文化成长，需要妈妈的指点；而孩子的智慧形成，又促进了妈妈对文化的自觉追求。家庭成员间对知识与智慧的叩问与探索，既有“当仁不让于师”的自由争辩，也有“教学相长”的精神感悟。于是，思维的火花在碰撞中绽放出璀璨的光芒，也许这不只是思想的活跃与智慧的提升，还有流动于妈妈与孩子之间的那种水乳交融的爱。人格教育经常是在“润物细无声”中进行的，妈妈对孩子导之以善的引领，无异于“积于跬步”的道德储蓄。在必要的时候，孩子就会取之以用，自然地做出一些品格高尚的事情。结果，真善美就成了妈妈与孩子共同的人生追求，而且两人的精神境界在这种追求中一步步地升华。

四、每一个孩子身上都蕴藏着巨大的潜能

人们都说，夏杨太优秀了。是的，一个 22 岁的男孩竟辞去百万年薪的工作，成为剑桥大学英国医学研究委员会分子生物实验室（MRC-LMB）的在读博士生，并获得剑桥大学每年只有 10 人能获得的霍奇金全额奖学金。但杨文认为，夏杨绝非“生而知之者”，也不是什么神童。只有后天的教育，才能够造就孩子精彩的一生。其实，每一个孩子身上都蕴藏着巨大的潜能，都可以走进天才的殿堂。大多数孩子之所以与天才擦肩而过，关键是最爱他们的家长与老师无意中将他们的这种天才扼杀在了摇篮之中。我们认为孩子聪明，事实上孩子比我们想象得还要聪明。充分挖掘蕴藏于孩子身上的潜能，还其一个精彩的人生，应当是一个母亲最伟大的历史使命。高中生夏杨大战李阳的电视镜头在很多媒体上传播之后引起轰动，探究者

发现夏杨并不是一个死啃课本的学生。如此等等，在人们看来大多不可思议的事情，却一一变成了现实。究其原因，是杨文有效地启动了孩子的自信系统，让孩子在一些高层次的文化科学活动中展示风采且收获自信与成功。自信总是与潜能维系在一起，鼓励总是与成功相依相存。“说你行你就行”是一种教育理念，家长不但要深信不疑，更要付诸实践。理念不是天空中的浮云，而必须内化于家长的心里，更要走进孩子的心灵深处。杨文的可贵之处，就是在长期的心理暗示中，让孩子有了“我能行”的心理认可，并且在不断地行动与成功中增强了自信。

老子有言：“人法地，地法天，天法道，道法自然。”孩子成功有道可循，这便是还其自然。自然不是孩子的无知，而是作为“小宇宙”的孩子生于宇宙天地间的巨大潜在能量。低估孩子的天才因子，是对生命的戕害；不去挖掘孩子天才的矿藏，就等于将孩子最美好的未来埋葬。杨文没有多少“玄之又玄”的理论，只不过是把孩子当成了天才培养，且让孩子感到自己就是天才罢了。拥有她的理念，一如既往地行走下去，天才就会在你的家庭中横空出世。

一位辞去百万年薪的博士生

——夏杨的“另类”思维与“非常”行动

一边是位于香港的跨国银行年薪百万的工作，一边是剑桥大学世界顶尖级实验室的学习与研究，同时对一个22岁的男孩敞开了接纳与欢迎的大门。在“鱼和熊掌不可得兼”的时候，他做出了舍弃百万年薪工作的选择。2006年9月30日，这个名叫夏杨的男孩，带着灿烂的笑容踏上飞往英国的飞机，开始了他人生之路的另一段美丽历程。

夏杨何以具备如此的能力与水平，这成了人们关注的一个焦点。除了家庭教育为他打下一生发展的精神底色之外，这个22岁的博士生又有哪些一般学生不具备的品质呢？又有哪些可供其他学生学有所获之处呢？

智慧超越知识——由课内向课外延伸

当今学生所学内容，大多锁定在了课本知识。可是，这样尽管可以应付考试，却未必真的拥有智慧与能力。夏杨在学好课内知识的同时，更多地在课外下了功夫，且由此形成了很多无法从课堂上获得的能力。

一、课上他不是一个唯老师之命是听的乖孩子

从小学到高中，夏杨都不属于那种唯老师之命是听的乖孩子，甚至上课的时候还因不守纪律受到过老师的批评。但他说，他不是故意的，他已经学会的东西，不希望再听老师重复讲解。大凡这个时候，他就会看课外书，甚至说话。老师为了

惩罚他，就让他一个人坐在最前排的一个座位上，以便随时监控。有一次开家长会，父母也要在孩子的座位上各就其位，杨文才知道孩子受到了“特殊”的关照。其实，夏杨对自己坐在那里并没有感到多少难堪，他后来开玩笑地说，那对他的抗挫折能力其实是一种锻炼。不过，杨文一坐，就感到了一种尴尬，好在她的抗挫折能力也很强，坐在那里也并没有如坐针毡。

夏杨课下几乎不看课本。他说，课上已经学会了，再看是对生命的浪费。他甚至不做那些“破题”，认为再做是对学习兴趣的抑制。深谙儿子之心的杨文，有时候就只好越俎代庖，帮助儿子写作业，让夏杨去学习自己更感兴趣的东西。

夏杨认为，上课的时候，重要的不是记住哪一个知识点，而是建立一个互相通达的网络。因为每一个知识点都不是孤立的绝缘体，这些知识点是有着内在联系的系统。学习任何课内知识，重要的不是记住了哪一个知识点，而是由此及彼，进而举一反三，触类旁通。他说，这就是能力，是自己在学习思考中锻炼出来的。

二、更感兴趣的是课外学习

据夏杨的父亲夏季亭讲，小学的时候，夏杨一回家先将作业做完，再看自己心仪的书。可是上了高中，回家之后他总是先开电脑，全身心地投入电脑编程之中。临近睡觉，他才快速地将作业做完。似乎，学习课本知识，远没有做他喜欢的事重要。

“授之以鱼，不如授之以渔。”这是杨文在教育孩子的过程中特别注重的。夏杨在学习中就特别注重掌握一些适合自己的学习方法，而不是在知识的记忆上穷追不舍。上课前，他会有的放矢地预习课本内容，将各个章节的知识点提炼出来，弄懂知识之间的联系，这样，听课的时候，就能够当场消化。他甚至会考虑许多老师讲不到的问题，提出一些当仁不让于师的探索性话题。学习本来就应当是一种幸福之旅，但学习的异化使学习变成了一种苦役。而夏杨则有了乐在其中的审美快感，他获得了更多的时间去发展自己的各种兴趣，去尝试不同的成功体验。

夏杨所看的电影大多是英文电影，听的歌曲也多是英文歌曲，这些在课本上学不到的东西，“润物细无声”地进入他的英语语言系统。杨文认为，这种文化背景的积累在学校课堂上是不可能全学到的。只有经过长期的随机学习，才能够在英语学习上得心应手。语言载体与文化内涵是融合在一起的。

读高一时，夏杨有机会来到澳大利亚。在当地学校上课时，他发现微机里装有编程软件，就随手编了一个小程序。他的出手不凡，让当地的学生佩服不已。澳大利亚的学生动手能力很强，脑子也非常灵活，可是编程需要一定的理论知识作为基础，理论知识的欠缺制约了他们的发展。中国学生由于受到客观条件的限制，动手实践的机会不如他们多，双方进行互补是最理想的状态。

夏杨庆幸自己有理解与支持他的父母，只要是他喜欢参加的，父母都给予全力支持。他说：“不是父母为我选择，而是我自己选择。”尽管有的时候也会遭遇挫折，可是，那是一份财富。“失败乃成功之母”不是一句空话，它使夏杨从中汲取教训，朝着成功的方向行进。父母给了他选择的自由，也给了他驰骋课外的一种精神动力。

夏杨拥有的精神财富不在知识上，而在智慧上。知识并不等于智慧。知识关乎事物，智慧关乎人生；知识是理念的外化，智慧是人生的反观；知识只能看到一块石头就是一块石头，看到一粒沙子就是一粒沙子，智慧却能在一块石头里看到风景，在一粒沙子里发现灵魂。

时间就是生命——高效是对自身价值的体现

人们常说的“时间就是生命”在夏杨那里得到了淋漓尽致的呈现，而在关注时间的同时，高效地进行学习与工作，成了他一贯的风格。

一、谈话不是闲聊，而应具有生命意义

据长期跟踪采访杨文与夏杨的麓雪讲，夏杨在暑期回国的二十多天时间里，几乎一天也没有空闲过。他没有时间与朋友闲聊，但是，如果认为有意义的事情，他一点儿也不吝惜时间。

去英国的前一天，麓雪想找夏杨谈一谈。他说，他只有一个小时的时间。但就是在这一个小时里，据麓雪说，信息密集，甚至一些警策之语也是俯拾即是。

谈话结束后，夏杨顺道又看望了一位初中的老师。他说，时间是恒定的，但并不同质，必须进行有效安排，从而使时间具有生命的价值。

暑假期间，麓雪还请夏杨帮了一次忙。原因是有一个 15 岁的男孩，对人生萌生了很多困惑，甚至不知道活着的意义何在。麓雪希望夏杨开导开导他，夏杨欣然应允。当天晚上，夏杨和这个男孩探讨了许多问题，从 9 点一直谈到凌晨 2 点多。最后，他用孔子的话告诉这个男孩：“学而不思则罔，思而不学则殆。”这个男孩经他指点迷津，似乎悟出了人生的意义。夏杨说，这段时间没有虚度，因为它产生了价值。

杨文说话细声慢语，似乎每一句话都是经过深思熟虑之后方才讲出来的，所以有人说，杨文讲话密不透风，周到至极。可是，夏杨认为，周到不是时间的拉长，关键是在同样的时间里提高说话的质量与效率。有时杨文聊的时间一长，他就会指指手表，小声地提醒：“注意时间！”如果与妈妈谈话的同伴告

诫他不应该干预妈妈的交谈时，他也会马上恭恭敬敬、笑呵呵地对妈妈说："对不起啊，我有点急了！"

二、高效是对时间的尊重，也是体现自身价值的关键

虽然夏杨是一个性子比较急的孩子，但是他做事有条不紊。我与他访谈的时候，他要了几张白纸和一支笔，一边交谈，一边随手龙飞凤舞地写着。他的字写得并不漂亮，甚至也不规范，这里写几个字，那里画几笔。但是，这是他在回答我的提问的同时，一些思维火花闪现之后的即时记录。他会看上几眼这些记录，再滔滔不绝地回答相关的问题。他的语速也特别快，我自认为电脑打字的速度已经相当快，可是，对于夏杨所谈，我只能记录60%。即使如此，他的话语似乎仍然跟不上他的思维。他的父亲说，他的讲座好评如潮，美中不足就是语速太快。可他认为，在信息社会中，一分一秒的时间都非常珍贵，提高语速，可以向人们传递更多的信息，也可以节约自己更多的时间。

据杨文讲，夏杨的干脆利索令她望洋兴叹。出差之前，5分钟的时间，他可以将所有需要的东西收拾齐整。联系什么事，很快就可以敲定。他从英国回来之后，决定与同学们外出旅游。借助电话与网络进行联系，不到1小时，便确定下一家旅行社。他和他的同学说，那是服务质量最好、价格又相对低廉的一次旅游。2005年春节回国，夏杨负责欧美同学会的联络工作。杨文说，他的思路非常清晰，甚至每一个细节都安排得有条不紊，但他只用了很少的时间。杨文甚至说，一般而言，两三个人用他两三倍的时间，也不一定能将这项工作安排得如此完美与周全。

在香港的银行实习的时候，一个晚上，他可以整理一大堆材料，令其同行觉得不可思议。他的大脑犹如一个四通八达的知识信息网络，点击"鼠标"，即可获取自己所需的东西。这

也许是夏杨能够高效地完成各种任务的内在原因吧。从某种意义上说，高效是对时间的尊重，也是生命个体自身价值的体现。

活动成就人才——特别的经历是一笔精神财富

夏杨从剑桥大学毕业后，学校授予他硕士学位，他又一举考上剑桥大学顶尖级生物实验室的博士研究生。人们大多认为这只是因为他的各门功课出类拔萃。夏杨却认为，考上剑桥大学的人并不少，自己只是其中的一个。他认为，自己不同于别人的地方，是有一些特别的经历。这笔精神财富，成就了他的现在与未来。

一、社团成为他挥洒才思的一个平台

在剑桥大学本科学习期间，他参加了许多社团活动，还在一些社团中担任了重要的职务———剑桥大学生物社团主席、剑桥大学科学社团人事部长、剑桥大学三一学院科学社团执行委员、中国学生学者联谊会剑桥分会外联代表、世界著名学生组织（AIESEC）联合会成员、剑桥大学暨全英科学节学生演示小组主要成员、剑桥大学三一学院划船竞赛俱乐部成员等。

夏杨的超越常人之处不是将社团作为一个消遣的地方，而是作为一个成就一番事业的舞台，且在常人没有涉足的领域里取得了特殊的成功。

他以剑桥大学生物社团主席的名义，联系邀请了包括 10 多位诺贝尔奖获得者、英国皇家科学院院长和英国政府科技顾问在内的顶级科学家，在两年内成功举办了 40 余次生命科学讲座。他幽默地说，这些成功得益于优秀的平台和强烈的事业心，也让他自己的精神为之一振。而令夏杨特别得意的是，就在上学和业余开设讲座期间，他通过自己的口头申请和面谈，成为英国医学研究委员会顾问、1997 年诺贝尔化学奖得主约

翰·沃克教授实验室助理、剑桥大学生命科学院院长兼生物化学系主任汤姆·布伦德尔教授实验室助理等。他说，他太幸运了！

而更为重要的是，他在与这些名人的接触中，学到了在任何书本中都学不到的东西，有些甚至是刻骨铭心的。这些大师的谦逊、认真与执着，已经一点一点地融入了他的意识里，进而外化出来，于是他就有了不同于别的同学的突出表现。

夏杨以中国学联外联代表的身份，负责接待来自中国大陆的很多官方领导，且和各个层面的人士进行过交流。他在接待时任教育部部长的周济时，还借机向周部长呈上了一份他父母创办的学校———山东英才学院的有关材料。他开玩笑地说，此举也能说明他对父母与家乡教育的一片深情。

同时，他还创立了剑桥大学中国医学社团，并担任首任主席。中医虽然是他的固有爱好，成立这样一个社团却更是源于一种历史的责任。在英国，他发现人们对中国传统医学要么感到神秘莫测、将信将疑，要么根本就不尊重、不理解。他认为，中医博大精深，是中国传统文化的一块瑰宝。如果借助社团让中医文化走进英国人的精神生活，便是为中国传统文化做出了一份微薄的贡献。

二、出演话剧与接受采访

夏杨在剑桥大学本科学习期间，主要学习的是生物科学，可他对文化传播也多有接触。他说，这种看起来有点不务正业的活动，开阔了他的视野，启迪了他的心灵。

在剑桥大学首届话剧演出中，夏杨便扮演了《雷雨》中的男主角周萍这一角色。其实，此前他从来没有演过戏，对话剧也所知甚少。可是，他认为，大学考试多一分、少一分关系不大，可对于一个年轻人来说，一种经历便是一笔精神财富，更何况《雷雨》是中国现代文学史上的一部具有划时代意义的名著。为了演出成功，他认真地拜读了《雷雨》原著，特别对周萍这一人物的性格进行了多视角的分析与研究。他说，对于一个理科生来说，这是一种全新的感受，是一次特殊的文化之旅。

夏杨小有名气之后，应邀成为英国 BBC 广播公司电视系列节目的嘉宾，话题是中国的西藏问题。无疑，这是一个敏感的问题。他上高一的时候去过西藏，认为现在的西藏各个方面都令人满意。于是，他就在这个平台上从容地讲述中国西藏的发展变化。他说：“我很自豪，因为我在大洋彼岸为我们国家争了光。”

正是因为参与了很多社团的活动，他有幸拜见金庸，聆听他的谈话；邓亚萍等体育明星，以及东欧国家的王子等，他都有机会会见，还与他们成了好朋友。特别令他自豪的是，他收到了 30 余位诺贝尔奖获得者的亲笔信。其中特别是发现 DNA 双螺旋结构的弗朗西斯·克里克在给他回信后的半个月，便溘然去世。夏杨说，这也许是一位伟人的绝唱，更将成为他一生无比珍贵的精神财富。

三、剑桥学子齐鲁行

剑桥大学是众多中国高中生的一个梦想，但人们总是感到它离我们很远。而自从夏杨到了那里之后，他的父母与他产生了一个共同的想法，就是让剑桥学子来到山东，与齐鲁大地的中学生面对面地交流，让众多学子感受世界名校学生的精神状态与学习方式。于是，一场由山东英才学院和《齐鲁晚报》联合举办的“剑桥学子齐鲁行”活动于 2004 年暑期拉开了序幕。

暑假刚刚开始，夏杨便很快联系了 6 位来自不同国度、不同肤色的剑桥学子，漂洋过海，来到中国的齐鲁大地。自然，夏杨成了这支队伍的领袖人物。他们认真地商讨了报告的内容，以及与当地学生的沟通交流形式。他们从不同的层面，用不同的言说方式，在6个城市做了十几场报告，在听众中引起了强烈反响。

夏杨感谢父母所在的山东英才学院为这些剑桥学生承担了食宿和部分旅游的费用。他说，他与父母不只是做了一件公益之举，也圆了山东一些中学生的梦想，特别是可能由此开启了他们瞭望世界的心灵之窗。

艰难培育意志——用钱换不来的苦与罪

孟子说："生于忧患，死于安乐。"当今孩子身处安乐之中，却不知为未来埋下了生存与发展的苦果。夏杨的经历并不是一帆风顺的，他获得了一般学生没有获得的成就，但也经受了一般学生没有经受过的苦难，这些培养了他的吃苦精神与坚韧的毅力。

一、吃苦是锻炼自己的机会

夏杨聪明是公认的，可是，他能够走到今天，关键是有吃苦精神与持之以恒的毅力。聪明与毅力结合，才能成就一番事业。在香港的跨国银行工作的时候，他经常一工作就是20多个小时。夏杨完成任务的高质量与高效率赢得了上司的赞赏，所以，他从众多竞争对手中脱颖而出，被确定为签约人。工作的苦与累也是前所未有的，但他能够以苦为乐，而且把这看作锻炼自己的一种机会。

父母对夏杨的这种吃苦精神特别满意，因为此后他将在剑桥大学的顶尖级实验室里连续研究三年。在这个实验室如果没有超乎常人的毅力，不但不会取得一定的成就，甚至半途而废都是可能的。

是的，夏杨刚刚走进这个实验室，已经充分感受到了导师的坚韧与执着。他将跟随着导师进行最先进的科学研究，也将跟随着导师接受最艰苦的考验。他说，这种双重的诱惑，已经使他产生了浓厚的兴趣。吃苦是人生走向成功的必经考场，他在其他考场上已经连获佳绩，在这个特殊的考场上，也会走向成功的。

二、受罪是用钱换不来的资本

为了让夏杨稳操胜券地考入剑桥大学，在他读高三的时候，杨文便送他去英国一所高中参加英国的高考。但一向细心的杨文轻信了中介的话，认为那是一所专门为培养剑桥学子而设立的学校。

可 17 岁的夏杨一人来到英国的那所学校之后便一下子惊呆了，它与中介所说的简直是天壤之别!

陈旧的校舍，没有学生宿舍，没有电话，没有电视，没有网络，班里的同学基本是三流的学生，他只好就近租了一间 10 平方米的房子，自己买菜、做饭。

他一下子没了朋友，没了交流的对象，没了心理的依傍。他不愿意到那个人声嘈杂的教室里，也不愿意听那些无聊低级的学生闲侃，“蜗居”小屋与独坐大街，就成了他生活的主体。

他一下子瘦了下来，180 斤的他，只一个月就减轻到了 140 斤。后来，他调侃式地说，那是一个减肥的绝好契机。

有的时候，夏杨会到超市里买几块面包，或者买将要过期的降价食品。他坐在人来人往的大街边上，一边啃着面包，一边看着来来往往的行人，有时想到开心的事，便会忍不住笑起来。他甚至习惯了人们的冷漠与轻视，他说，就是在那种环境里，他练就了一种身处逆境却自强的能力。

他开始感受生命的价值，认为自己不能再这样生活下去，时间不能因为环境的恶劣而白白地流失。于是，他独自在小屋里，开始了学习之旅。他说，这是一种炼狱式的生活，是对自己意志的全方位的考验。他在这种环境中不但生存了下来，而且享受着读书与听音乐的快乐。

如今提及这段受罪的经历，他依然感慨万千：“这段经历给多少钱我都不卖，但给多少钱也不想再来一遍了。”

简朴是一种美德——在衣食方面“与其奢也，宁俭”

在香港的投资银行实习期间，夏杨所住的宿舍楼下住着香港一位大富豪的女儿。她所买的物品大都是精品，即使是鸡蛋，也是最好的。可是，夏杨不然，他用那个女孩儿买一个鸡蛋的钱，可以买6个。他从香港回来，很得意地买了几件打折的便宜衣服。他特别赞同孔子的观点：“与其奢也，宁俭。”他认为没必要花的钱，一分也不多花。

看到夏杨穿着太过简朴，妈妈决定到商场为他买件像样的名牌衣服，毕竟已经是博士生了嘛。可是，他对此很不高兴，感到这份关心没有关心到根本上，于是，自己又到地下商场买了几件廉价的衣服。他在接受访谈的时候，还是穿着一件20元的T恤衫。

父亲夏季亭甚至说儿子特别抠门：“总嫌英国的东西贵，买东西喜欢把英镑换算成人民币，舍不得吃舍不得穿。”杨文则说：“夏杨像他爸爸一样，什么便宜买什么。”

一次，他为山东英才学院的学生做报告。有一位学生问道：“你穿的是什么名牌衣服?”他用手指指自己的裤子，自嘲地笑笑：“不但不是名牌，还有一个洞呢!”当时全场哄堂大笑，但敬仰之情也在同学们心中油然而生。

据杨文讲，儿子在国外吃不好，回家需要补充一些营养，于是全家便到饭店“撮”上一顿。但是，只要妈妈点的菜稍微一多，他就着急，更不允许点好的。他幽默地说，自己已经很胖了，不需要什么额外的营养。

可他对待老人从不吝啬。今年暑假回老家看望爷爷，夏杨用自己在香港打工挣的工资给爷爷买了很多东西。可是，到了家将东西放下之后，他还是感到东西少了点，于是借口有事，又出去为爷爷买了很多衣服与好吃的东西。

更多时候，只要是有助于增长阅历的东西，他都会毫不犹豫地向父母提出购买的要求，父母也会毫不犹豫地答应。他的电脑、摄像机等不但买得早，而且配置十分先进。他认为，在科学文化的探索中，必须拥有最为先进的设备。

从本质上讲，夏杨是一个现代人。但是，对于中国传统美德，他非但不排斥拒绝，反而一直践行着。他说，他的血脉里，流淌着的是中国人的血。

能力决定命运——过关斩将的考试

夏杨认为，在学校由此而形成的自学能力可以受益终身，甚至对他进军香港的跨国银行都起到了重要的作用。当时，参加面试的都是世界名校的高才生，况且年薪百万也是一个巨大的诱惑。但学生在学校与课本上所学的很多东西往往用不上。因为，面试看的是能力，重视的是能不能自学，并高质量、创造性地完成工作任务，既要有宏观的思考，也要有对细节的考虑。夏杨说，应聘者能否被录用不在于知识掌握的多少，而在于综合素质的高低与自学质量的优劣。

比如，在面试的时候，考官让应聘者列举自己的 5 个缺点。夏杨认为，你的回答，既要是你的缺点，也得是用人单位所喜欢的。比如，他就回答了这样一个缺点：自己工作起来往往忘记了时间，太过投入，以致影响到身体。其实，任何单位都希望自己的员工全力以赴地投入工作。这并不是故弄玄虚，而是一个事实。夏杨就是这样一个全身心投入工作之中的人，他甚至认为这既是一个缺点，也是一个优点。当然，香港投资银行的考官对他的回答是非常满意的。

在考剑桥大学的时候，夏杨连闯三关，而最难的一道关就是面试。考官都是世界顶级的教授，甚至是诺贝尔奖的获得者。他们会用英语问一些特别“怪异”的问题：“照镜子的时候，为什么左和右会翻转过来，而上下是不变的?”“现在的生物进化为什么没有进化出轮子来?”“我们的大脑是由碳的有机物组成的，如果换成以硅元素为主体的物质，人的思维方式是什么样子?”……这些问题都没有现成的答案，在任何教科书上都不可能找到，需要考生随机应变、临场发挥，考查的是学生的思维能力与智慧。夏杨思维极其敏捷，回答异常精彩，当然也就顺利进入了剑桥大学。

我们看到，有的学生不知道自己需要的是什么，也不知道别人需要的是什么。其实，现代社会不需要更多的“书呆子”，而是需要可以应对各种局面的现代人。

夏杨的“另类”思维与“非常”行动看起来有别于常人，其实，这正是他的优质家庭教育所结下的美丽果实。他反叛了当今很多人追逐的“应试教育”，可他又在“应试”之中脱颖而出。这才是真正的素质。因为一个真正具备优秀素质的人，在任何情况下都能够以不变应万变。

江苏凤凰教育出版社
《行知工程》系列丛书目录

系列	序号	书名	作者	定价
教育思想者系列	1	《父母要成为子女的精神导师——五个孩子走向卓越的奥秘》	陶继新	43.00
	2	《治校之道——中学名校长的办学智慧(1)》	陶继新	40.00
	3	《品鉴教育文化盛宴——陶继新序跋屯集》	陶继新	45.00
	4	《为什么而出发——一位研究者对教育本质的沉思》	齐　健	35.00
	5	《高效教学的道与术——陶继新教育讲演录》	陶继新	30.00
	6	《铸造一流教育品质——陶继新区域教育巡礼》	陶继新	35.00
	7	《名校之道——陶继新对话名校长（1）》	陶继新	30.00
	8	《名校之道——陶继新对话名校长（2）》	陶继新	35.00
	9	《教育，一切从孩子出发》	黄　俭	30.00
新父母教程	10	《一年级的孩子》	陈文芳	28.00
	11	《二年级的孩子 》	陈文芳	28.00
	12	《三年级的孩子》	钱静霞	28.00
	13	《四年级的孩子》	谢　云	28.00
	14	《五年级的孩子 》	陈　春	28.00
	15	《六年级的孩子》	袁卫星	28.00
	16	《七年级的孩子》	焦晓骏	28.00
	17	《八年级的孩子》	钟　杰	28.00
	18	《九年级的孩子》	凌宗伟	28.00
教育求索系列	19	《让经典滋养人生——名著导读教学策略（中学）》	郑建忠	35.00
	20	《关注每一位儿童的发展 ——语文小班化教学的探索和实践》	何慧玲	40.00
	21	《让生命诗意地栖居——诗意教育的理念建构与实践探索》	钱丽美	40.00
	22	《怎样上好语文课——时鹏寿解析精彩课例》	时鹏寿	45.00
	23	《让书香浸润生命——时鹏寿伴你品读经典》	时鹏寿	35.00
	24	《开在手心里的花——一位优秀教师的教育情怀》	詹雪莲	40.00
	25	《学科建设与教师发展——中学数学》	杨志文	30.00
	26	《欣说教育那“一亩三分地”——一位一线教师的教育微思考》	王庆欣	30.00
	27	《爱的守望——一位一线教师对教育的坚守》	林卫红	30.00
	28	《思政教学的人文力量》	戴晓华	30.00
	29	《师道新说——给教育者的 30 条箴言》	徐　卫	30.00

系列	序号	书名	作者	定价
国际教育系列	30	《美国教育面面观——一位特级教师眼中的美国教育》	邵淑红	35.00
创新教学探索系列	31	《学生数学整体思维培养——小学数学结构化教学的探索与实施》	颜春红	45.00
	32	《基于核心素养的体育与健康校本课程建设》	赵卫新	35.00
	33	《把古文教活——激活文言文课堂的教学策略》	刘小华	35.00
	34	《做童年面前最合适的人——我和孩子们的“童化语文”》	曹丽秋	30.00
	35	《品世界名画，学精彩作文——特级教师的“名画”作文教学法》	李日芳	36.00
	36	《玩出精彩作文——张化万活动作文教学经典策略》	张化万	35.00
	37	《〈红楼梦〉里的语文课》	李日芳	30.00
	38	《让学生把母语用精彩——“语用课堂”的探索与实践》	佘小红	30.00
	39	《“备”出课堂精彩——备学式教学的课堂实践与思考》	张旭兰	30.00
	40	《神奇的阅读教室——带学生踏上美妙的阅读之旅》	李祖文	30.00
	41	《打造有生命力的课堂——“两步八环节”教学模式探索与实践》	查联智	30.00
	42	《最能培养学生探究能力的课堂——小学科学与信息技术单元整体课程实施与评价》	李怀源	30.00
	43	《最能激发学生运动天赋的课堂——小学体育单元整体课程实施与评价》	李怀源	30.00
	44	《最能提升学生艺术素养的课堂——小学艺术单元整体课程实施与评价》	李怀源	30.00
	45	《“生命语文”探索——焕发语文生命力的思考与实践》	王自成	30.00
	46	《粘连作文教学：让习作成为有个性的自我建构》	黄瑞夷	30.00
	47	《备学式教学——在体验中建构数学思维》	单广红　范雪梅	30.00
	48	《向着自主进发——自主教育的创新实施智慧》	朱亚红	30.00
	49	《写中学——让学习更有效的学科写作教学》	钟传祎	30.00
	50	《小学科学实验总动员——大科学课堂有效提升学生创新力》	江美华	30.00
	51	《小学语文单元整体课程实施与评价》	李怀源	30.00
	52	《小学英语单元整体课程实施与评价》	李怀源	30.00
	53	《小学数学单元整体课程实施与评价》	李怀源	30.00
	54	《让教学更能激发智慧——“思维碰撞”课堂的建构与实施》	程和方	30.00
教师软实力系列	55	《教师人际沟通力》	黄爱华　夏丽娟	38.00
	56	《班主任教导力》	黄爱华　戴诗银	38.00
	57	《教师执业道德力》	黄爱华　夏丽娟	38.00

系列	序号	书名	作者	定价
精彩课堂系列	58	《基于核心素养的数学教学》	赵红婷	35.00
	59	《中学生核心写作能力培养》	陶　波	36.00
	60	《给孩子更好的数学课堂》	易增加	30.00
	61	《小学生阅读素养的提升策略》	邵巧治	35.00
	62	《从语文素养走向生命成长——小学语文读写课堂教学密码》	曾海玲	30.00
	63	《真实的品德课》	朱淑秀	30.00
	64	《英语课堂学习共同体——新型的师生交互学习场》	杨延从	30.00
	65	《指导自主学习——初中数学学与教的研究与实践》	刘其武	30.00
	66	《玩出精彩的课堂——小学低年级教与学方式转变研究》	陶红松	30.00
	67	《让生命之花自主绽放——语文个性化教学建构策略》	商德远	30.00
	68	《让学生亲历知识——主体参与下体验式学习的实施策略》	何世祥	30.00
名校系列	69	《从校本课程走向学校课程——锡山高中课程探索之路》	唐江澎等	35.00
	70	《让每个孩子都成志——清华附小主题阅读课程的实施探索》	窦桂梅	30.00
	71	《让每个孩子都成志——清华附小主题实践课程的实施探索》	窦桂梅	35.00
	72	《向着朝阳走去——清华附小合作办学实践探索》	窦桂梅	30.00
名师成长系列	73	《情怀·智慧·境界——教育名家演讲录（1）》	钟惠河　李韫琬	30.00
校长领导力系列	74	《学校细节管理的执行力》	林文明　王林发	30.00
	75	《校长智慧统筹的领导力》	谢耀丰　蔡丽姗　王林发	30.00
	76	《学校持续发展的研究力》	林文智　宋佳敏　王林发	30.00
	77	《学校和谐融洽的协作力》	陈一平　郭雪莹　王林发	30.00
	78	《学校教育提升的引领力》	谢文东　关敏华　王林发	30.00
	79	《学校团队成长的学习力》	黄纪　蔡美静　王林发	30.00
	80	《学校高效管理的创新力》	张旭	30.00
	81	《学校成功管理的决策力》	邱黎明	30.00
	82	《高品质学校生长要素》	王益民	30.00
	83	《校长高效教学领导力提升策略》	徐世贵　郭文哿	30.00
新思维系列	84	《让后进生学习有后劲之36计》	严育洪	30.00
	85	《教育中的“不一定”——打破教育的19种思维惯式》	严育洪	30.00

系列	序号	书　　名	作者	定价
教师修炼系列	86	《如何炼就课堂好声音——教师美嗓保健实用宝典》	薛建洲	30.00
	87	《与学生一起成长——90后教师的心路反思》	王　晗	30.00
	88	《教育，爱与宽容——教师心灵礼仪修炼》	许力争	30.00
教育家核心思想系列	89	《叶圣陶论写作》	叶圣陶 著 李怀源 选编	30.00
	90	《叶圣陶谈阅读》	叶圣陶 著 李怀源 选编	30.00
	91	《多元智能理论的本土化应用》	刘治富	30.00
	92	《大教育家最具施教力的教学思想》	白刚勋	30.00
学生心理解码系列	93	《在人生的春天播种 ——十四岁，写给青春的一封信》	白宏宽	30.00
	94	《孩子问题行为一点通 ——只有好老师才知道的学生心理谜底》	严育洪	30.00
校本研修系列	95	《徜徉语文教研》	肖俊宇	35.00
	96	《校本研修资源的开发与利用》	陈朝林	30.00
	97	《校本研修与教师专业成长》	吴积军	30.00
	98	《卓越教师经典研修成长策略》	刘天宝等	30.00
	99	《特色校本课程开发范例解读》	刘永平　李秀伟 张雪梅	30.00
	100	《高效校本研修模型构建艺术》	刘素雁	30.00
	101	《走向实践的教研——中小学教育科研引领与应用》	江　敏	30.00
教育管理力系列	102	《缔造唯美教育——延奎小学素质教育实施策略》	易增加	30.00
	103	《让普通学校崛起的20个细节 ——“生命为本”教育团队成长密码》	李其玉	30.00
	104	《“走”出教育的精彩：走动式学校管理文化构建》	罗　军	30.00
	105	《校长兵法：学校管理四十六计》	皮大鹏	30.00
班级文化系列	106	《活力班级的文化建设》	胡　珏	30.00
	107	《做幸福的班主任》	吕　丽	26.00
高效能教学系列	108	《高效能教师的10个好习惯（中学卷）》	张　瑾	30.00
	109	《让作文落地生根——提高写作实效的教学策略》	黄桂林	30.00
	110	《高效能作文教学5项修炼》	陈步华	30.00
	111	《高效能校长的10个好习惯》	张　勤	30.00
	112	《高效能教师的10个好习惯（小学卷）》	谢　英	30.00
	113	《高效能语文教学5项修炼》	王其华	30.00

系列	序号	书　　名	作者	定价
新课程探索系列	114	《语文新课程的批判与重建》	葛桂斌	30.00
美国名师教学译丛	115	《美国名师游戏教学本土化应用：幼儿园》	（美）玛西娅 L. 泰特 著 胡珍　瞿菁　编译	30.00
	116	《美国名师游戏教学本土化应用：小学英语》	（美）玛西娅 L. 泰特 著 杨永华　张心影　编译	30.00
	117	《美国名师游戏教学本土化应用：小学数学》	（美）玛西娅 L. 泰特 著 谢艳红　编译	30.00
	118	《美国名师游戏教学本土化应用：小学科学》	（美）玛西娅 L. 泰特 著 刘丽萍　编译	30.00
	119	《美国名师游戏教学本土化应用：小学社会》	（美）玛西娅 L. 泰特 著 姜梅芳　编译	30.00
	120	《美国名师游戏教学本土化应用：小学音体美》	（美）玛西娅 L. 泰特 著 尹立志　编译	30.00
鲁派名师名校·教育探索者系列	121	《悦读立人——校园阅读文化体系构建策略》	杨世臣	30.00
	122	《教育智慧何处来——一位特级教师的思考手记》	付立金	30.00
	123	《和雅文化——校本课程的创新构建》	汤善香	30.00
	124	《让个性绽放精彩——学校课程体系整合与创生》	谢建伟　徐淑萍	30.00
	125	《让每个学生都幸福——最能润泽生命的学校文化建设》	谢建伟　张新喜	30.00
生态化校园系列	126	《文化管理——构建生态和谐校园的必由之路》	付全新	30.00
	127	《点燃学习的激情——构建校园生态化学习型组织》	杨树岳	30.00
	128	《课改突围——构建学校生态化教学体系》	杨树岳	30.00
教育新思考系列	129	《语文教育向何处去》	王　丛	26.00
	130	《教育，就是做好普通的事》	孙志毅	27.00
	131	《走出语文的偏见——让学生体悟文本的原义》	丛智芳	30.00
	132	《让语文教学更高效——批注式阅读教学探索》	韩中凌	30.00
	133	《读写互促——探寻学以致用的语文教学》	曹　龙	30.00
	134	《跳出数学教数学——用文化融通数学教学》	马建秀	27.00
名师感悟系列	135	《让心灵伴着歌声成长——22 位音乐名师的教育智慧》	陈　璞	30.00
	136	《超越自我的教师——32 位名师的成长感悟》	李卫东　李秀伟	35.00
	137	《心灵的守护者——19 位名班主任的教育智慧》	王晓松　曲文弘	30.00
	138	《名师感悟班主任有效工作艺术 90 例》	符礼科	30.00
	139	《名师感悟有效教学 90 例》	林高明　徐玉烟	30.00

系列	序号	书　　名	作者	定价
信息化教学系列	140	《巧用白板教语文——信息技术与语文教学操作指南》	蒋丽清	30.00
	141	《跨越式实现高效课堂——信息技术与课程整合高效教学方案评析》	陈　玲　刘　禹	30.00
教师必读系列	142	《教师必学的 16 堂修养课》	武宏伟	30.00
	143	《教师不可不知的教学心理效应》	叶勇军	30.00
	144	《班主任不可不知的管理效应》	奚一琴	30.00
	145	《教师不可不知的教育心理效应》	孙　媛	30.00
	146	《校长不可不知的管理效应》	谢申刚　张金豹	30.00
	147	《成为好教师的 7 项修炼》	王福强　李维华	30.00
	148	《如何让学生会学习》	龙　冰	30.00
	149	《如何让学生爱学习》	周震宇　许小燕	30.00
核心教学主张系列	150	《新生代语文名师核心教学主张》	许友兰	30.00
行思讲坛系列	151	《灵动而朴素地教语文——潘文彬的微格教育生活》	潘文彬	30.00
	152	《师爱无疆——润泽学生心灵的教育故事》	侯忠彦	30.00
	153	《怎样反思更有效——促进教师专业发展的反思策略》	诸贝贝	30.00
	154	《成为高度自觉的教育者——写给后课标时代的数学教师》	许卫兵	30.00
	155	《哲思数学课》	刘全祥	30.00
	156	《智慧数学课——黄爱华教学思维的实践策略》	黄爱华	30.00
	157	《童趣数学课》	徐　芳	30.00
	158	《把学生教聪明》	严育洪	30.00
	159	《教师最应该规避的教育误区》	杨坤道	30.00
	160	《用语文的方式教语文——潘文彬教学主张与实践智慧》	潘文彬	30.00
	161	《怎样让阅读教学更有效——提升教学能力的十种读诵模式》	汪秀梅	28.00
	162	《让生命在润泽中起舞——当代小学生最需要的主题班会》	吴联星　罗　琳　冯卫东	30.00
	163	《让生命欢快拔节——当代中学生最需要的主题班会》	冯卫东　吴联星	30.00
	164	《课堂因生成而精彩——高效教学的生成智慧》	张文质	30.00
	165	《回到每一个人的生命化教育——张文质二甲中学教育行动录》	张文质	30.00

系列	序号	书名	作者	定价
中国教育变革之路丛书	166	《百年树人师何为——教师队伍建设困顿与出路》	将丽珠　李玉向	30.00
	167	《入园何时不再难——学前教育困惑与抉择》	曾晓东 范　昕　周　慧	30.00
	168	《三尺书桌何处寻——流动人口子女教育困难与破解》	范先佐	30.00
	169	《苦旅何以得纾解——高考改革困境与突破》	郑若玲	30.00
	170	《择校纠结何时了——择校问题困局与治理》	曾晓东　周文海 曾娅琴	30.00
创新教学思想系列	171	《“大问题”教学的形与神》	黄爱华　张文质	30.00
教育漫笔系列	172	《课堂，诗意地栖居》	吴书华	30.00
教学提升系列	173	《有思想地教阅读——让学生学会品读文字真意》	王学东	30.00
教育艺术提升系列	174	《藏在师生体态语言里的教学智慧》	张　宇　廖生波	30.00
教学全手册系列	175	《小学习作教学全手册》	郭家海	30.00
	176	《中学写作教学全手册》	郭家海	30.00
	177	《情境教学操作全手册》	冯卫东	35.00
	178	《合作教学操作全手册》	李春华	35.00
	179	《探究教学操作全手册》	周新桂	35.00
	180	《自主教学操作全手册》	诸葛彪	35.00
	181	《创新教学操作全手册》	王　玮	35.00
	182	《班主任工作全手册》	刘沛华	35.00
	183	《新教师工作全手册》	周震宇	35.00
	184	《学生心理健康教育全手册》	刘海莉　刘春杰	35.00
	185	《高效教学操作全手册》	马友平	35.00

系列	序号	书　　名	作者	定价
创新人才培养系列	186	《创新人才培养校园科普精品课程开发与指导——人大附中创新人才培养》	罗　滨	30.00
	187	《创新人才培养特色校本课程开发与创新人才培养——清华附中"国际安全下的科学技术"课程构建与实施》	王殿军　方　研 赵宏雁	30.00
	188	《创新人才培养：学校实验室建设与管理》	刘克文 杨发丽　杨　平	30.00
	189	《创新人才培养：数学探究活动开发与指导》	马云朋　韩继伟	30.00
	190	《创新人才培养：化学研究活动开发与指导》	王　磊	30.00
	191	《创新人才培养：物理探究活动开发与指导》	廖伯琴	30.00
	192	《创新人才培养：地理探究活动开发与指导》	张建珍　陈　澄	30.00
	193	《创新人才培养：生物探究活动开发与指导》	张迎春	30.00
	194	《创新人才培养：理念探索与思维突破》	王晶莹	30.00
新生代通派名师系列	195	《简约数学教学》	许卫兵	30.00
	196	《语文教学的本真——情意课堂展现母语之美》	吴建英	30.00
	197	《语文课堂的理想追求——欢快达成三维目标》	董一红	30.00
	198	《阅读教学的真髓——意象构建读出文学的真美》	祝　禧	30.00
新生代通派名师系列	199	《美术教育的真谛——审美人生教育让生命绚丽成长》	陈铁梅	30.00
	200	《语文教学的理想境界——无痕教学润泽生命》	李　凤	30.00
	201	《儿童作文的本义——嬉乐作文让儿童乐并成长着》	王笑梅	30.00
	202	《名师是怎样炼成的》	王建明　王笑君	35.00
幼师成长系列	203	《幼儿行为背后——教师如何读懂幼儿的心思》	吴亚英	30.00
	204	《最具教育力的22种幼儿教育思想》	杨　达	30.00
	205	《幼儿教师必知的安全应急措施》	杨　达	30.00
	206	《幼儿教师必备的教育技能》	李　玲	30.00
	207	《卓越园长21条幼儿园管理策略》	周　丹　江东秋	30.00